O Livro de São Cipriano

Coleção Estudos
Dirigida por J. Guinsburg

Equipe de realização – Revisão: Geraldo Gerson de Souza e Plinio Martins Filho; Produção: Ricardo W. Neves e Sylvia Chamis.

Jerusa Pires Ferreira

O LIVRO DE SÃO CIPRIANO:
UMA LEGENDA DE MASSAS

EDITORA PERSPECTIVA

Direitos reservados à
EDITORA PERSPECTIVA S.A.
Avenida Brigadeiro Luís Antônio, 3025
01401 – São Paulo – SP – Brasil
Telefones: 885-8388/885-6878
1992

Para Boris, companheiro pleno.

Para Paul Zumthor, mestre do texto e do enigma

Homenageio a Celso de Carvalho, meu pai, força da natureza e memória do sertão, e Ruy Coelho, memória viva.

Agradecimentos

Expresso os meus agradecimentos aos pesquisadores Bráulio do Nascimento, colaborador constante, Idelette M. Fonseca dos Santos, Neuma Fechine Borges e Hans Gert Roloff.

Destaco o incentivo de Hans Albert Steger, que a partir desta pesquisa me propiciou uma estada na Alemanha, acolhendo minhas propostas de trabalho no Sozialwissenschaftliches Institut – Universidade de Erlangen-Nurenberg; e a leitura crítica de Antonio Candido de Mello e Souza, João Alexandre Barbosa e Jacó Guinsburg.

Agradeço também a Maria Teresa Rocha, Reni Cardoso Zacchi, Afra Marluce e Fernandes Portugal, Leilah Santiago Bufrem, Sandra Lanckman, Arlindo Pinto de Souza e Rubens Lucchetti.

A Maria Aparecida Braga Genare, Magali Oliveira Fernandes e Marta Rita Celestina de Macedo, que trabalharam na preparação do texto.

Sumário

ESCLARECIMENTOS XIII

EM BUSCA DO *SÃO CIPRIANO* XV

1. O TEMA VIVO – UM CONJUNTO DE LIVROS ... 1
   - Das Razões 1
   - Preliminares de Edição Popular 6
   - A Força dos Textos e a Tradição Fáustica ... 12

2. O "COMPOSTO" SÃO CIPRIANO 57
   - O "Composto" 57
   - A Chave dos Magos: Orações e Engrimanços ... 62
   - A Legenda 80
   - Cipriano e Justina 89

3. DIFUSÃO DA LEGENDA 95
   - Textos Atribuídos a São Cipriano 95
   - Relato e Persuasão 101
   - A Tradição Hagiográfica 110

4. INTERDIÇÃO E CONSENTIMENTO 115
   - Inquisição e Bruxaria 115
   - De Antioquia a Bonsucesso 126

5. MEMÓRIA, MAGIA, TRAMÓIA 135
   Cultura e Edição Popular 135
   Pontos de Percurso 143

INDICAÇÕES DO *CORPUS* 149

Esclarecimentos

Para citar, traduzi todos os textos a partir das línguas a que tenho acesso. Aqueles em russo foram traduzidos por Boris Schnaiderman. Deixei apenas um ou outro texto em espanhol, como é o caso do espanhol arcaico de uma oração de São Cipriano. Nas transcrições de textos antigos portugueses ou brasileiros que vêm entre aspas, conservei a grafia original.

Desenvolvi certos temas nas notas. É muito grande a riqueza do material recolhido, e não quis sobrecarregar o texto. Surgem daí vários ensaios a serem desenvolvidos, posteriormente.

Na Bibliografia Geral, procurei oferecer apenas algumas indicações básicas. Outras estão contidas em meus trabalhos anteriores.

Este livro provém de minha tese de Livre-Docência na USP, em 1988. Traz ainda os resultados de algumas experiências de pesquisa: 1. Na Inglaterra, na Biblioteca do Museu Britânico, e na França na Biblioteca Nacional de Paris, em 1987. 2. Na Alemanha, em várias das excelentes bibliotecas, principalmente nas da Universidade de Erlangen-Nurenberg, nas bibliotecas estaduais de Munique e Berlim, durante temporada de pesquisa, ao abrigo do convênio DAAD-FAPESP, em 1988-1989. 3. No Brasil, além das bibliotecas particulares, foram utilizadas a Biblioteca Nacional do Rio de Janeiro, a do Gabinete Português de Leitura do Rio de Janeiro e a Municipal Mário de Andrade.

Materiais foram conseguidos na Biblioteca Nacional de Lisboa e na Biblioteca do Congresso de Washington.

A escolha de livros populares foi feita principalmente nas editoras populares do Rio e de São Paulo, em livrarias esotéricas, em tendas de umbanda etc.

Em Busca do São Cipriano

Quando se passa nas grandes cidades brasileiras por livrarias populares, livrarias de livros religiosos de linha esotérica, bancas, tendas de umbanda, encontra-se um título que é obrigatório, vivo e mesmo indispensável: *O Livro de São Cipriano*, nas mais diversas apresentações, textos, embalagens.

Comecei a reparar nisso, quando comprava os folhetos de literatura de cordel, publicados em São Paulo pela Editora Luzeiro. Às vezes aparecia, na quarta capa de um folheto, a propaganda do *Livro* com o retrato do santo-bruxo; sobretudo porque isto acontecia em *O Ferreiro das Três Idades*, uma estória de proveito e exemplo, um antigo conto popular, cujo argumento aponta diretamente para substratos da legenda do Fausto[1].

Esta conexão me faria relacionar as estórias do demônio logrado com a de São Cipriano, que tem tudo a ver com este repertório, e sobre a qual viria assentar-se a construção das narrativas do Fausto[2], retomadas por tantos textos cultos e populares, ao

---

1. Por causa de um folheto popular, *O Ferreiro das Três Idades* de Natanael de Lima, e comparando-o com outros folhetos semelhantes, cheguei ao tema do Fausto, e, em especial, aos Faustos populares e populerescos, cujo estudo agora desenvolvo. Ver o trabalho pioneiro de Mario Pontes, "A Presença Demoníaca na Poesia Popular do Nordeste", *Revista Brasileira de Folclore*, 12:261-283, Rio, 1972.

2. Partindo de Cansinos Assens, no prefácio à sua tradução da obra de Goethe, Madrid, Aguilar, 1963, t. III, passei a entender a estreita relação entre a legenda de São Cipriano e o Fausto, percebendo que há um verdadeiro tecido

longo de séculos. Seguindo este conjunto e observando uma série de folhetos nordestinos que têm o pacto como eixo[3], sua relação com as várias partes que formam o corpo do *Livro de São Cipriano*, percebemos claramente que estamos transitando num mesmo universo: um mundo impregnado de mistério, fantasia e maldição, que passa sucessivamente por oralidade e escritura, um submundo a ser castigado ou abafado, a pactuação que pretende desafiar a eternidade, compensar as agruras desta vida, suas impossibilidades e impotências.

O fato é que o *Livro de São Cipriano* é uma das publicações mais "didáticas" e atuantes de que se alimenta a vida popular brasileira, em suas práticas e imaginações. Por sua vez, dela se aproveita, tirando das expectativas do repertório popular tradicional um conjunto de respostas possíveis, organizando outras e oferecendo-as em forma de texto.

O conhecimento deste livro não se limita às grandes cidades, como se pode pensar: ele circulou sempre no sertão do Brasil, embora seja editado nos centros industriais, principalmente Rio e São Paulo. Na cidade ou no sertão as pessoas o conhecem, respeitam ou temem e um depoimento assim ajuda a entender um fenômeno tão difundido quanto complexo:

– Deus me livre e guarde; nunca li este livro de catimbó... este livro meu avô lia, para se tornar invisível aos cangaceiros que o perseguiam. Ele tem poderes de transformar alguém em toco de pau.
– O que será que ela quer com este livro?

Perguntaria assustada uma colega, professora de universidade nordestina e pesquisadora de literatura popular.

A verdade porém é que, mesmo sigilosamente e cercado de mistérios, ele é de conhecimento amplo e de uso freqüente na sociedade rural brasileira, e vai seguindo o "a caminho da cidade". Goza de grande popularidade na tradição popular portuguesa da cidade e do campo, e é de lá que provém e nos alcança. O etnólogo Leite de Vasconcellos já nos fala do conhecimento de várias

---

lendário que segue a mesma direção. Depois encontraria a relação nitidamente estabelecida em alguns estudos, como o de Marguerite Allen de Huzar, *The Faust Legend, Popular Formula and Modern Novel*, New York-Frankfurt, 1985. Publiquei bibliografia sobre estudos "Fáusticos" na *Revista de Comunicações e Artes*, 22:97-116, ECA/USP, 1988.

3. Não é apenas a estória de Cipriano e Justina que está em causa neste conjunto de afinidades mas as próprias situações e repertório: alquimia, astrologia, os mitos pagãos, a cabala etc. Há, além disso, toda a tradição do pacto formando um ciclo de narrativas, ou seja, o ciclo de estórias do demônio logrado.

edições em Portugal[4] e que, em Paços de Ferraria, um velho sapateiro lhe ensinara que o *Livro* servia para o demônio dar o dinheiro que estava encantado com as mouras e para desencantar tesouros. Isto tudo vem de muito longe, vai seguindo sem tréguas, por muitos séculos de tradição oral e escrita, mas o fenômeno da explosão que se pode constatar, a partir do volume editorial levantado, parte dos grandes centros urbanos. A indústria editorial procura atender, sempre que pode, a um público ávido e ligado, por vários motivos, a este livro: como leitura possível, como entretenimento, mas sobretudo princípio de crença e sustentação existencial.

No Brasil, sua expansão está ligada à umbanda, que se afirma cada vez mais como uma grande religião do povo brasileiro. Passa então o *Livro de São Cipriano* a ser uma espécie de Bíblia (ou anti-Bíblia), um instrumento indispensável para o enfrentamento da vida em sociedades complexas, um fetiche, uma arma, um sucedâneo múltiplo, compensação de muitas frustrações.

E quem o lê ou compra, numa proporção tão assustadora? Tudo nos faz crer que, além de alcançar um público popular esparso por várias cidades brasileiras, ele visa a um público de migrantes, vivendo nas grandes cidades, procurando a difícil adaptação aos espaços urbanos. Seus leitores são aqueles de rodoviária, como informa um dos seus "autores". É das classes populares das mais diversas proveniências que vem a necessidade desses textos, em sucessivos e diferentes produtos editoriais, em Portugal, no Brasil e em outros países da América Latina, mas pode-se dizer que ele vai avançando, atinge pessoas de classe média, de maior poder aquisitivo e, em geral, filiadas a crenças espíritas pertencentes ao que se definiu como um "contínuo mediúnico"[5].

Pode-se também falar de um público à deriva, e o depoimento do editor da Livreiro, que tem um título de São Cipriano, é muito sugestivo: "Este é um texto de que o povo precisa; o povo não conta com coisa alguma e, no momento da crise e da mentira, é muito importante ao menos contar com isso. E nós damos o que ele necessita". Já o editor da Luzeiro diz que é contra a publicação de livros de espiritismo, misticismo, magia e que, portanto, não encaminha suas publicações nesta direção. Abriu exceção para o *Livro de São Cipriano*, que passou a editar por uma verda-

---

4. Leite de Vasconcellos, *Tradições Populares de Portugal*, Porto, Livraria Portuense, 1882, p. 305.

5. "Contínuo mediúnico" é uma expressão de Candido Procópio, *Kardecismo e Umbanda*, São Paulo, Pioneira, 1961.

deira exigência explícita e reiterada de seus vendedores e distribuidores, que falavam da insistência do público. Acrescenta que, enquanto mercadoria, no entanto, surge um problema. Em certas praças do país ele ainda é proibido ou pelo menos sofre uma sanção virtual, e não pode ser sequer pronunciado. Não é possível mencionar o título nas notas de venda nem fatura do correio, embora haja contínuos e insistentes pedidos por debaixo do pano.

Procuro mostrar, acompanhando os temas e a produção dos textos que compõem o *Livro*[6], o porquê da permanência deste conjunto, que reúne cristianismo e bruxaria, mal e bem, cogitações e receitas, mistério e engodo, território próprio para a instalação de uma "fértil ambigüidade". Prolifera no Brasil, em sucessivas e diferentes edições, das mais simples às mais sofisticadas, que nos convidam a seguir como o mundo editorial voltado para os públicos populares encampa a legenda e seu engaste.

Ao núcleo da narrativa unicelular que é a história de Cipriano e Justina, juntam-se orações que vêm do mundo greco-latino, um agregado de saberes, carregado de práticas e expectativas populares, que vai chegando agora ao século XXI, íntegro em seu conjunto, em suas matrizes textuais, em seu repertório de bruxedos, e que vai incorporando ou fingindo ajustar novos valores e experiências. Dentro de uma grande mobilidade que permite a colagem sucessiva de seqüências diferentes, de excertos que são aproveitados ou omitidos nos vários produtos editoriais, apresenta-se, no entanto, imóvel, durante séculos. Segmentado em sua concepção, aparentemente uma mensagem heteróclita mas que forma a unidade de todo um antigo corpo.

Leite de Vasconcellos, nos seus *Opúsculos*[7], numa passagem em que fala da magia popular, das fórmulas, dos amuletos, diz-nos que a figura de São Cipriano desempenha aí vários papéis, e a partir de recolha feita no Minho nos transmite:

São Cipriano
Sete anos no mar andastes
para saberes notícias de vossa dama
sete sortes botastes
e vossa sorte saiu certa
peço-vos milagroso santinho
que me façais esta descoberta.

---

6. Refiro-me ao *Livro de São Cipriano* como um conjunto de textos, em diferentes tempos e espaços, dentro de uma grande variedade, como se pode ver na bibliografia específica.

7. *Opúsculos*, Lisboa, Imprensa Nacional, 1938, vol. 5, p. 1.

Comenta por isso que o povo é mais pagão do que se julga, e que por baixo da capa de cristianismo palpita muito vivo o coração do paganismo, crenças antigas florescem ao lado de modernas que, quando muito, lhe dão um outro aspecto.

Esta formulação não é nova mas é oportuna, e nos ajuda a pensar nas transformações e nos processos de resistência que balizam o peso e o poder transformador de cima para baixo, das imposições religiosas e políticas. Ela nos faz seguir a articulação que ocorre, quando ao dominado é possível reverter e conservar interpretando, e podendo misturar, por exemplo, São Cipriano, o diabo, a tesoura e o signo-de-Salomão (sino = Saimão).

Gil Vicente usa, por exemplo, as receitas do *Livro de São Cipriano* para a construção de sua peça, a *Exortação da Guerra*[8], que é mesmo uma contraparte irônica ao discurso expansionista:

> Farei per mágicas rasas
> Chuvas tão desatinadas
> Que esten as telhas deitadas
> Pelos telhados das casas
> ....
> Não me quero mais gabar
> Nome de San Cebrian
> Esconjuro-te Satan.

Para a crença popular fica a força de São Cipriano como o primeiro feiticeiro que houve e que permaneceu, converso em santo "mas nem tanto", e por isso se diz correntemente:

> Ler o livro dele é pecado mas quem o ler sobe às nuvens sem asas.

O MISTÉRIO INSTIGA E BARRA A PESQUISA

Quando se sai a campo para pesquisar ou recolher exemplares do São Cipriano, algumas dificuldades muito sérias ocorrem. Ele é mesmo um fetiche, enquanto objeto, capa preta, capa de aço etc. É um livro de feitiçaria, trazendo sua carga de maldição e interdição e, mais ainda, um livro popular. Com estas características, tem sua produção regulada por certos princípios e tabus.

Nos sebos, espécimes antigos não são encontrados, senão muito rara e ocasionalmente, porque quem os teve ou tem não os passa adiante, sendo considerado uma violação vendê-los ou descartá-los.

---

8. Em *Exortação da Guerra*, obra completa, Porto, Lello, 1965, p. 203.

Quanto a bibliotecas públicas, há dois tipos de impedimento. Ou o livro pertence àquele estrato cultural que não merece a necessária credibilidade para figurar no fundo geral de leitura de uma biblioteca municipal, estadual, nacional, e não se adquiriu para compor o acervo ou, se por acaso foi adquirido, corre o risco de ser roubado. Pertence ao universo que costumo denominar *cultura das bordas*, limite entre o submundo das crenças e heresias populares e a meia legitimidade que lhe dá o fato de ser um produto industrial, em larga escala. Falta-lhe porém a legitimação da cultura oficial e hegemônica. O seu circuito é o de um subsolo cultural, é para ser pedido em voz baixa, sussurrando para não ser ouvido, consumido por quem o esconde na rua, camuflado entre outros materiais, e devorado na solidão, ou no espaço ritual. Cria-se com ele cumplicidade, faz-se com que detone, como uma arma contra terceiros, acredita-se nele como um amuleto para vencer na vida ou encontrar tesouros simbólicos (antes era tesouros de "verdade", como no caso dos antigos livros portugueses). O leitor ou consulente segue suas lições como as de um acreditado mestre, exercita sua psicoterapia, como se estivesse num consultório, aproveitando também de suas sugestões para conquistar e prender um homem ou mulher. As fórmulas e conselhos, que às vezes nos parecem ridículos, canhestros, arcaicos, conservadores, imobilistas e imobilizantes no processo da emancipação social, têm, no entanto, muito a ver com as razões cotidianas dos grupos sociais e das pessoas que utilizam esses textos. É muito sugestivo o fato de nunca se dizer que o consultou ou dele se serviu. Aparece sempre uma irmã que o tem e o consulta, uma irmã que é perturbada e não o dispensa, mas a mãe não sabe... e muitas outras escapatórias.

Cida, a quem entreguei este trabalho para datilografar, recebeu os originais, levou para casa e depois confessou o seguinte: que fora criada em colégio de freiras e que sempre temeu o diabo. Quando seu pai faleceu, encontrou entre os seus pertences um *Livro de São Cipriano*, e teve muito medo. Jogou-o fora e nunca mais quis saber dessas coisas.

Na Biblioteca Nacional do Rio de Janeiro, constam várias edições do livro, algumas muito antigas nos fichários. Faz-se o pedido, espera-se e só vêm um ou dois: dizem que teriam sido subtraídos, surrupiados discretamente, e que no caso deste livro não dá mesmo para descuidar. Já a Biblioteca Mário de Andrade, em São Paulo, não possui exemplares e creio que, a partir da demanda, tratou-se de adquirir um exemplar, dos que se estão produzindo agora.

O fenômeno é luso-brasileiro em todos os sentidos. Sabe-se que, em Portugal, do século passado para o nosso, a mesma força editorial envolveu o *Livro de São Cipriano*. Acontece que nos reservados da Biblioteca Nacional de Lisboa não há exemplares antigos e no acervo foi localizado apenas um exemplar, um dos textos mais correntes.

Está na Biblioteca do Museu Britânico um exemplar da edição brasileira da Editora Quaresma, s/d., que deve ter sido doada àquela Instituição. Nada de livros antigos, de textos espanhóis e portugueses. Apenas estudos, em sua maioria de eruditos alemães, sobre o tema. Quanto à Biblioteca Nacional de Paris, que não o tem em seus catálogos, irritou-se um funcionário quando perguntado se ali não havia edições antigas ou recentes do livro, dizendo que este tipo de brochura era impensável para compor o acervo de uma biblioteca pública, ainda mais aquela.

Nos poderosos e inesgotáveis acervos das bibliotecas alemãs, encontra-se um ou outro exemplar de edição portuguesa recente, desgarrada, como aquele do British Museum.

Alguns institutos de criminologia, mesmo bibliotecas da Ordem dos Advogados, é que podem ocasionalmente contar com exemplares antigos, mas nos que visitei não tive sorte. Há a menção, em mais de uma fonte, de um exemplar antigo no Instituto de Criminologia do Porto; e parecia que a espalhada biblioteca do etnólogo Nina Rodrigues, no Instituto Médico Legal da Bahia, seria mina promissora, porém as buscas resultaram em vão.

Podemos pensar de antemão que muita coisa se perdeu ou jogou fora, por medo ou nas perseguições, ao longo dos tempos, como aquelas da polícia aos feiticeiros e catimbozeiros; muitos destes livros se extraviaram e destruíram nesta nova queima, que não é aquela da Inquisição mas a de tantos outros massacres consentidos. Basta lembrar a perseguição deliberada às religiões negras neste país, tão bem retratada na *Tenda dos Milagres* de Jorge Amado; pensar nos depoimentos de Câmara Cascudo em seu *Meleagro*[9], onde ele nos dá informes "bem-humorados" sobre este confisco, e saber que ele nem sequer cita uma edição a que teve acesso como pesquisador. Aliás, não inclui o verbete *São Cipriano* em seu *Dicionário do Folclore*, embora ali apareçam com destaque tantos outros santos.

---

9. Em *Meleagro*, Rio, Agir, 1978, fala-nos Câmara Cascudo das batidas policiais e da apreensão de materiais dos catimbozeiros do Nordeste.

Um estudo de recepção do livro nos poderia dar ricas, intensas e profusas histórias, constantes e variáveis de enunciação, aproximações e divergência de estados psicológicos, fenômenos de dor e transgressão, índices de perigo e crime.

Poderíamos verificar episódios muito complicados, envolvendo delicadas e aflitivas situações psicológicas, individuais e sociais. Há comprometimentos até com a Polícia Federal, que, em determinados anos, costumava confiscar estes e outros livros populares.

Uma vez, falando de público num seminário sobre a pesquisa que estava fazendo com este livro, obtive como resposta manifestações bastante aturdidoras. Uma senhora me procurou, no dia seguinte, falando-me de sonhos e predestinações, de alguém morto que a levaria a me encontrar para falar do *Livro de São Cipriano*. Um rapaz que estivera presente naquele auditório da Biblioteca Pública de Curitiba, trouxe consigo alguns livros, entre eles, o do santo, e me contou fatos perturbadores, que causaram perplexidade e mal-estar. Disse que, até então, nunca mais tinha pegado neste livro, desde que sua mulher morrera queimada, ao praticar um dos ritos contidos neste texto, para ele maldito, de mistérios e feitiços. Ela fizera no chão, segundo seu relato, um círculo com pólvora, para se dar a práticas sugeridas no *Livro de São Cipriano*, e por isso encontrara a morte.

Sabendo que a análise da recepção do livro apontaria para rumos complexos, para materiais a serem trabalhados por outro tipo de especialista, preferi seguir a produção, observar como tudo isto se embute e encaixa no múltiplo texto. A partir daí, todo um caminho de observação é seguido para chegar ao entendimento do universo de onde ele provém, e qual a direção que segue.

E em todo o percurso ficou bem claro que o livro é um sucesso editorial sem precedentes, responde à produção maciça de uma série de editoras, tem incontáveis variações e apresentações, que contam com 12, 18, 24 edições referentes a cada título.

É tanto o sucesso, que ele vai invadindo os espaços sofisticados das grandes cidades. Em Belo Horizonte, na inauguração de uma superlivraria, elegante e computadorizada, segundo soube, o primeiro comprador que pisa aqueles tapetes, em voz muito baixa; sussurra ao vendedor:

– *Tem o São Cipriano Capa Preta?*

Mas o que é mesmo este *Livro*, um tratado de magia regular e tradicionalmente transmitido, ou um "composto", à maneira de almanaque, que reúne alguns dos componentes presentes na tradição popular, durante séculos, suas artes e artimanhas, suas linguagens e seus credos? De onde parte, de que texto preliminar, onde se fundamenta e enraíza, quais são os "contratextos" que matriciam as novas versões? Que espécie de arcabouço formam os vários livros, em suas grandes diferenças, mas que se dirigem sempre a uma unidade que é o *Livro de São Cipriano*? O que se conserva sempre e quais as variáveis que, por mais que se dispersem, formam a matriz com uma unidade que requer um texto popular, com as características de um composto de narrativas, orações, previsões, exorcismos?

O que define estas escrituras todas que vão trazendo as marcas de novos tempos, que têm a interferência e o exercício de autores anônimos e fantasmáticos, existentes ou inventados e que se integram neste conjunto impressionantemente uno?

É verdade que o *Livro* se assemelha ao *Livro de Areia*[10] do conto de Jorge Luis Borges. Nele o mistério se multiplica, fica-se diante de um macrotexto que foge ao controle, que vai e vem, reúne, aglutina, e forma um corpo que escapa sempre, que escapole e forma outros corpos. Impossível não sentir uma espécie de arrepio quando se lê que o *Livro de Areia* tem esse nome, porque nem o livro nem a areia têm princípio nem fim; que o número de páginas é sempre infinito, nenhuma página é a primeira e nenhuma é a última, numeradas de modo arbitrário talvez para dar a entender que os termos de uma série infinita admitem qualquer número. No conto de Borges, tem-se a impressão de que o vendedor do livro seria o próprio diabo. Busca-se o livro impossível e vê-se nele uma máscara. Daí a necessidade de libertar-se dele a qualquer custo, de fazê-lo sumir entre os milhares de volumes de uma biblioteca, o mais depressa possível.

No *Livro de São Cipriano* a reunião de saberes se amplia, conjugam-se páginas e páginas de um grande repertório infinito, mas há algo que fica sempre como amarração ou âncora, e que faz com que se necessite retê-lo para algo; descartá-lo, só em situações-limite. Estão sempre presentes, em qualquer dos exemplares, versões ou edições, a estória da tentação e da conversão, o pacto, as receitas práticas, os diversos ensinamentos para se enfrentarem situações adversas.

Sincero ou mistificador, mentiroso ou apenas hagiográfico, complexo, incorporando lendas, sintético ou apenas repetindo

---

10. Jorge Luis Borges, *Libro de Arena*, Buenos Aires, Emecé, 1976, pp. 169-176. A aproximação com o *Livro de São Cipriano* foi feita sob sugestão de João Alexandre Barbosa.

passagens de outros, simplesmente copiando glossários de livros de sonhos, é apesar disso uma das leituras mais freqüentes de grupos populares e massas urbanas no Brasil, um dos seus modos de interpretar o mundo e de conduzir-se, de pensar e de agir.

Quanto às informações que se obtêm dos editores destes livros, não se pode esquecer que estamos lidando com um negócio, envolvendo muitos $$$. Por mais sincero que procure ser o editor, revelando informações mais ou menos exatas, o terreno é sempre escorregadio. Um título bem-sucedido vale milhões. Assim é que as respostas são evasivas, e quando se procura entrar em contato com os outros autores, surgem situações fabulosas. Pedem o nosso telefone para que eles liguem e isto não ocorre.

O editor da Luzeiro foi o único que forneceu o nome e endereço de um autor, recriador, compilador. No caso de uma editora do Rio, cujos textos vêm munidos de um aparato pseudocrítico e em que há menção a edições portuguesas do *Livro*, não consegui sequer quem me pudesse deixar vê-las. Nenhuma delas. Um autor ficou de me telefonar mas, de fato, sou levada a pensar que ele nem sequer existe; no entanto, a partir de uma indicação obtida, conheceria uma pessoa que creio responder pela escritura de alguns dos mais curiosos e criativos textos. Numa outra editora, obtive a certeza de que o "autor" me telefonaria e esperei. Depois, no cotejo de edições, compreendi que ele jamais poderia fazê-lo, pois os textos daquela editora eram apropriados diretamente de uma outra, sem a menor interferência ou recriação: piratarias, que aliás não são coisas de agora.

Este não é um estudo sobre *feitiçaria* ou *magia*, temas que em si mesmos pediriam outra direção e o acesso a uma infindável bibliografia; também não se pretende um trabalho de textologia hagiográfica. Na medida em que o *Livro de São Cipriano* é uma das mais constantes leituras do povo brasileiro, a julgar pelas muitas edições e infinitas tiragens, que seu tema é instigante e provocador, tratei de buscar suas razões e o sentido que têm os percursos feitos. Esta aproximação traz muito do indisfarçável prazer de ir encontrando e descobrindo, montando as peças do quebra-cabeças, procurando também oferecer subsídios para uma sociologia da leitura no Brasil, e ao mesmo tempo para uma história da edição popular. Há também a intenção de avaliar a literatura que aí se constrói e dispõe, o projeto narrativo que se desenvolve, o modo de ser das falas construídas, visando a uma teoria do texto popular. Os temas convidam a decifrar e refletir sobre a unidade do repertório. Pode-se estabelecer a conexão com o conto do folclore, a estória de proveito e exemplo, com a literatura medieval que tem o diabo como tema e o conjunto fáustico, que é em si mesmo um desafio ao "claro entendimento". É nesta direção que vem o acesso a fontes eruditas, para explicar o texto possível, os vários fragmentos que se reúnem numa grande mobilidade.

Entendê-lo em seus detalhes significa relacionar o que se encontra com um antigo significado original, com um leque de narrativas orais que se fazem impressas e que vão garantindo a penetração do *Livro* junto aos seus públicos, reforçando-lhe o alcance. Há também o convite para seguir na América Latina e no Brasil as razões para que este conjunto textual seja uma prática contínua e renovada.

O universo desta produção não se esgota em si mesma, e não interessa tanto o que teria dado origem a quê, mas constatar a presença da massa de textos que nos escapa, e ao mesmo tempo se faz constante, chega e se afirma, neste imenso conjunto que avança em tempos e espaços, não se sabe mesmo por artes de quem.

Fui, aos poucos, reunindo a maior coleção possível de *Livros de São Cipriano*, formando um extenso *corpus*, mas isso não é tudo. Sucedem-se edições, e no passado luso-brasileiro e hispano-americano foi sempre assim.

É provável que, neste momento, estejam saindo dois ou três livros novos, "maquilados", aparentemente transformados, com novas capas, como se de fato fossem outros Ciprianos à venda. O material reunido consegue ser uma amostra do "texto" que através da Idade Média e pelos tempos que nos chegam foi tendo, cada vez mais, alcance de circulação.

Quanto à análise das seqüências de cada livro recolhido, a explicação linha por linha, item por item receberia, como no *Livro de Areia*, os riscos e a duração da eternidade. Ficou selecionado por isso aquilo que se repete, foram destacadas as adaptações mais surpreendentes, explicados os temas que ressaltam na relação de conjunto. E assim, sem querer e presa de fascínio, terminarei montando o meu próprio livro, a escolha dos vários Ciprianos.

O objeto é que vai em busca de tudo o que poderá explicá-lo, signos verbais ou visuais, símbolos e marcas, produção de uma narratologia que aproxima linguagens arcaicas a procedimentos que o mundo popular obteve e resguardou, e que se transforma e ajusta continuamente a diversas formas de ver e de dizer, no mundo popular contíguo ao da cultura de massas.

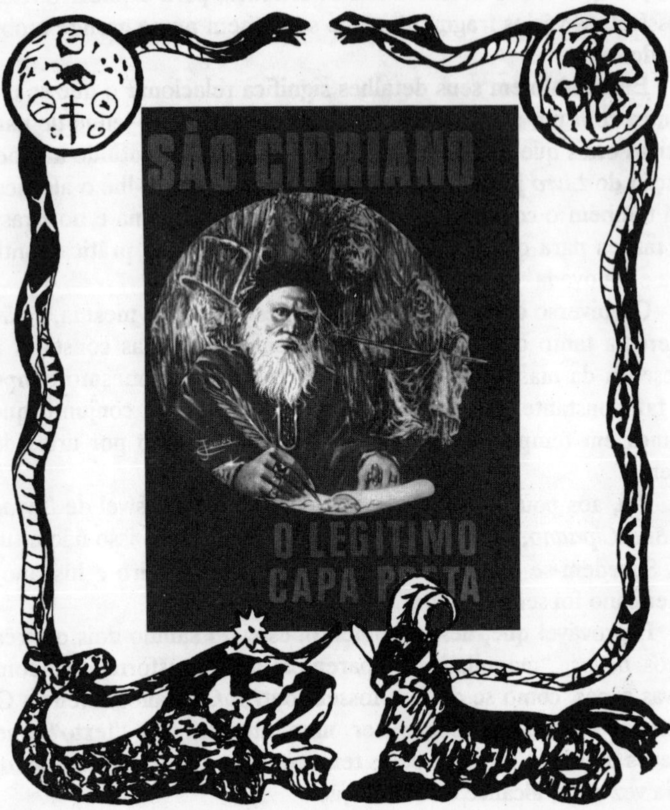
SÃO CIPRIANO
O LEGÍTIMO
CAPA PRETA

1. O Tema Vivo – Um Conjunto de Livros

DAS RAZÕES

Mas, quem é mesmo São Cipriano, que tem a ver esta legenda com os nossos dias, e o que será que está por trás de tudo isto, qual o prototexto daquele *Cipriano* multiplicado que haveria de vir, mantendo-se sempre a célula narrativa nuclear?

Acumulam-se dúvidas e mais dúvidas sobre os textos, desde que sempre se questionou do santo cuja vida se narra. Descobre-se porém que é sempre atribuída a ele uma obra tríplice (*triplice monumenta*) que se diz do seu próprio punho, com eixo numa *Confissão*, e em que ele dá conta de seus abomináveis pecados, arrependimento e conversão, como se verá adiante.

A Igreja parece então cooptar o "santo-bruxo", transformá-lo em legenda, devolvê-lo à criação popular na figura que, com Santa Justina, passa a compor uma passagem de seu calendário oficial, que se comemora a 26 de setembro. *Legenda*[1] era assim, originalmente, um relato sobre um mártir ou outro santo, para ser lido no dia de sua festa, devendo apresentar conteúdos factuais, imaginários ou ambos.

---

1. Ver "Legend", *The Penguin Dictionary of Saints* de Donald Attwater, London, 1983; *The Oxford Dictionary of the Saints*, org. David Hugh Farmer, Oxford University Press, 1987. Para um conhecimento minucioso das fontes da legenda, ver "Ciprianus II, Magier", in *Reallexikon für Antike und Christentum*, 1957, vol. III.

Estes materiais reunidos apontam para a mitologia e para o folclore. A idéia da coleção das *Acta Sanctorum* provém do jesuíta Heribert Rosweyde (1569-1629) e aí nesta coleção, como nos contos populares, tem-se uma profusão de casais martirizados, que oferece muita atração e é de grande efeito narrativo. Jean de Bolland (1596-1665) publicou o primeiro volume, e depois viria a coleção de narrativas de martírio do beneditino Thierry Reinart (ou Ruinart), *Acta primorum martyrum sincera et selecta*, que, entre outros tantos martírios, daria força a este que se conta.

Cipriano de Antioquia e Cipriano de Cartago

> *O milagre está reservado aos Santos, a maravilha, o prestígio aos magos e feiticeiros*[2].

No caso daquilo que hoje vale para nós, bastaria lembrar o que disse Fernando Pessoa de Ulisses: "Sem existir existiu e sem querer nos bastou", mas para alcançar o sentido e direção da legenda e da produção de textos será preciso, ao menos, situar aquilo que é muitas vezes insituável.

No nosso caso, formou-se, desde muito cedo, uma grande confusão entre dois santos de mesmo nome, o de Cartago, oficial e doutor da Igreja, embora não isento de lendas e de magia, e outro feiticeiro, misterioso, popular. Creio que os dois estiveram sempre juntos, que um gerou o outro, até por complementaridade na demanda do povo.

No tratado clássico sobre magia de Eliphas Lévi[3], diz-se que não importa que ele seja ou não o mesmo, que um é personagem poético e que o outro é um padre da Igreja e um mártir. Aparece aqui o nosso herói de Antioquia como personagem poético. Já no texto de um bollandista belga[4] que estuda a questão dos dois santos, refere-se a São Cipriano como um mártir do Oriente (portanto o reconhece como santo) e diz que ele não encontrou lugar no calendário oriental nem em qualquer outro, e que na Antiguidade não existe a menor marca de um culto rendido à sua memória.

---

2. Julio Caro Baroja, *Teatro Popular y Magía*, Madrid, Revista de Occidente, 1974, p. 3.

3. É o clássico *Histoire de la Magie* por Eliphas Lévi, Paris, Guy Trédaniel, 1986. Encontram-se referências ao autor como o abade Constant, mesmo em publicações populares.

4. Hippolyte Delehaye, "Cyprien d'Antioche et Cyprien de Carthage", *Analecta Bollandiana*, Paris, 1920, t. XXXVIII, pp. 314-332. Bolandistas, a partir de Jean Bolland, são jesuítas belgas que se ocupam do texto das vidas de santos.

Credita sua *notoriedade às peças hagiográficas das quais ele é o herói*. Fala-nos como outros autores do panegírico de São Gregório Nazianzeno, em que se confundem os dois santos, e que Prudêncio, que escreveu poucos anos depois de São Gregório e que certamente não o leu, escreveu um louvor não só ao martírio de Cipriano mas à sua obra. Ora, quem tinha *Obra*, segundo o bollandista, era o Padre de Cartago[5].

Pelo que se pode acompanhar, vê-se que este Cipriano de Cartago, famosíssimo e legitimado doutor da Igreja, representa também um ponto de tensão entre o cristianismo e o paganismo. Diz-se que foi vítima da perseguição de Valeriano em 257. Há sobre ele uma série de lendas e também a legenda de seu martírio. As enciclopédias trazem enormes verbetes a seu respeito, suas obras como corpo canônico foram editadas por gente muito importante, inclusive por Erasmo de Rotterdam. No entanto, a apocrifia também o acompanha e muitas obras lhe foram atribuídas, formando toda uma série de textos dúbios e carregados da marca popular.

Nos escritos de São Cipriano de Cartago, *Tratados e Cartas*[6], pode-se seguir a mesma passagem conflituosa, e não resolvida, entre lenda e estória, magia e religião, cristianismo e paganismo. Em várias de suas obras encontramos informações e tentativas de sistematização dos textos falsos e dos textos confirmados e confirmáveis como seus. Acha-se, por exemplo, num prefácio ao leitor, a informação de que certa obra é falsa e não contém nada de digno.

Num diálogo reproduzido num estudo se encontra a organização de falas, que nos levariam a pensar que se trata do outro santo, daquele que é conhecido como o feiticeiro:

Thascius – Você é Cipriano?
Cipriano – Sim, sou eu.
T. – É você que é o *papa da seita do Sacrilégio*?
C. – Sou eu.

Há, numa coletânea em latim[7], um texto que descreve o desastre de Sodoma e Gomorra atribuído a São Cipriano de Carta-

---

5. Há muitas edições das obras de São Cipriano de Cartago, disponíveis nos Reservados e nos Fundos de leitura das bibliotecas, algumas constando de coleções de autores cristãos. Ver Caecilii Cypriani Carthaginensis, *Opera*, Anthuerpia, Ed. Pauly Manuti, 1589.

6. Le Chanoine Bayard, *Tertulien et Saint Cyprien*, Paris, 1930.

7. Consta das obras de Cipriano de Cartago (ed. cit.) um interessante texto em latim sobre o desastre de Sodoma e Gomorra. Há também um prefácio ao

go e, no corpo desta obra, encontra-se a explicação seguinte: algumas epístolas e as orações são sempre adscritas, ou seja, acrescentadas. De fato, algumas dessas orações fazem parte do acervo atribuído ao de Antioquia. No índice da mencionada obra, encontra-se também a *Coena Cipriani*, como "falso inscripta", ou seja, obra atribuída a ele, falsamente; aquela mesma que Umberto Eco comenta em *O Nome da Rosa* e que associa à tradição do rito pascal e às folias monásticas. Considera-a uma diabólica transfiguração da Sagrada Escritura:

> Lembrava de um velho monge de Melk que dizia que um homem virtuoso como Cipriano não teria podido escrever uma coisa tão indecente, uma semelhante e sacrílega paródia das escrituras mais digna de um infiel, de um bufão, do que de um Santo Mártir[8].

Segundo Bahktin[9], a *Coena Cipriani* é uma obra que inaugura a tradição grotesca e não tem naturalmente a ver com o Santo de Cartago, mas teve uma enorme divulgação e êxito, sendo os manuscritos bastante numerosos em todos os séculos posteriores.

Num verbete sobre Cipriano de Cartago[10] há um dado muito sugestivo: ele se chamava Thassius, ao qual se juntou o nome de Cecílio, que trazia o Padre Venerável que o converteu. Em Cartago ele recebeu o batismo pelo ano de 246 de Jesus Cristo. Os pagãos, chocados com a mudança de religião, o chamaram por desprezo *Coprian*, detalhe satânico, por uma fria alusão do nome à palavra grega que significa *fumaça*. Diz-se que em Cartago o povo pedia no circo: Cipriano aos leões!

Seguindo-se esta informação, da qual se retêm noções ligadas a fogo, fumaça, a martírio e espetáculo, têm-se alguns dados que se ligam ao São Cipriano, chamado o Mago. Toma-se também em muitos estudos e informes como certa sua existência, e é narrada sua história. Pretendeu-se que ele tenha relíquias em várias igrejas, entre elas a de Saint-Nicolas.

Entre as obras raras da Biblioteca do Museu Britânico acha-se, por exemplo, um texto muito curioso[11], na medida em que está

---

leitor por Jacob Pamelim, em que algumas obras atribuídas ao santo são classificadas como adscritas e "falso" inscritas.

8. Umberto Eco, *O Nome da Rosa*, Rio, Nova Fronteira, 1983, pp. 524-36.

9. Ver o livro fundamental de Mijail Bajtin, *La Cultura Popular en la Edad Media y en el Renacimiento*, Barcelona, Barral, 1974, p. 81. Há também uma tradução brasileira. São Paulo, Hucitec, 1987.

10. *Bibliothèque Sacrée ou Dictionnaire Universel, Historique, Dogmatique, Canonique... des Sciences Ecclésiastiques*, Paris, Chez Mequignon, 1822, t. VII.

11. Encontra-se como livro da Biblioteca do British Museum a *Dissertazio-*

empenhado em provar a existência real de Cipriano e Justina. É preciso dizer que o tema se faz acompanhar de uma vasta iconografia, existindo até um ciclo de afrescos, referentes à legenda de Justina. Seu autor, no século XVIII, defende a existência concreta de Cipriano de Antioquia e diz ter publicado esta obra porque o nobre a quem dedica está muito empenhado em promover o culto dos santos. Assim, inicia com um aviso ao *leggitore* (censor) e depois ao leitor habitual, antes de passar a uma exposição que tenta, a todo custo, provar a existência material e o martírio dos "heróis". No afã de conseguir provas para a existência viva de São Cipriano, diz que, apesar de Gregório Nazianzeno e Metaphrastes terem confundido os Ciprianos, toma como certa a profissão de mago de São Cipriano, fala de suas viagens e do aperfeiçoamento de seus estudos de astrologia e do fato de ele ter consagrado ao demônio seus abomináveis ritos e os mistérios profanos.

É aí que se pode comprovar como ninguém escapa, neste caso, da tentação da narratividade; os outros anteriores e posteriores que estudam ou comentam a história terminam não resistindo à sedução de contá-la. Ocorre que ao ser narrada, neste texto, ela pretende ser ciência e fonte documental. Apontam-se os indícios, e se transcreve um trecho de Pedro de Natalib para abonar: "Vi o diabo que se transmudava em forma de Justina", e então aí vai cabendo a narrativa dentro da narrativa, sendo contada infinitamente por todos os contadores a mesma coisa. Passa o autor a transcrever um discurso sobre o poder de Simão, o Mago. Discorre sobre o fenômeno das transformações, Ulisses e seus companheiros, transformados em bestas por Circe, os companheiros de Diomedes em passarinhos, a estória de Apuleio, as transformações em lobos, Moisés no Êxodo e o caso da vara.

Ressalta-se aí uma característica que é função das ações que se desenrolam: a invisibilidade do santo-bruxo, poder que lhe é atribuído enquanto mago, como também o é no caso do Dr. Fausto, e que até hoje é um dos pilares de sustentação do mistério destes textos populares produzidos. Diz aí também que São Cipriano teve a graça de fazer milagres, de curar *com suas preces* e com o *toque de suas mãos*, de exercitar um extraordinário poder contra o demônio. Menciona-se, em aditamento, um pergaminho – relíquia de São Cipriano, doação feita à sua igreja, no ano de 1652. O documento-relíquia corporifica a lenda, arma a sustentação com outros elementos que trazem a presença inequívoca do

---

ne sulle vite de I Santi Cipriano e Giustina, por Domenico Buonanni, Napoli, Stamperia di Antonio Paci, 1803, 106 p.

santo. Outros, segundo ele, a consideram uma coisa sem valor, uma fábula moral já conhecida, em parte, no século IV e depois traduzida do grego para muitas línguas.

A julgar por todos os dados, vê-se que os dois santos são igualmente míticos. Existe em torno do bispo de Cartago a mesma ligação com as heresias, confirmadamente populares. Tudo comprova a existência de um doutor da Igreja que deixou obra, publicada na Biblioteca de autores cristãos, cuja autoria, como um todo, pode ser problemática mas tem um princípio de sustentação. Quanto ao outro santo, mago e bruxo, em torno dele só há aprocrifia e lendário.

Mas eles representam, à sua medida, cada um cumprindo o seu papel, a completação que o povo faz, unindo os Ciprianos mas preferindo o de Antioquia, em seu recurso. É seu todo um projeto de sábio e de santo; sábio por guardar aquilo que também lhe pertence, por dirigir-se ao seu conhecimento e à sua competência, santo por manter vivas heterodoxias indispensáveis à organização de sua visão de mundo. Há uma grande cisão entre a lógica popular e o universo oficial da Igreja, entre as escrituras e o mundo das antigas religiões, os credos pagãos. Uns e outros vão fazendo suas escolhas e tentando compatibilizar as coisas, quando o convívio tem mesmo de se dar[12]. E é nesta escolha e compatibilização que terminamos por ter, aí presente, não o santo doutor, o letrado que em muitos momentos importou, mas o feiticeiro e nigromante, o São Cipriano de Antioquia, atravessando muitas marés para ficar na boca do povo, nos livros populares, nos terreiros de umbanda, no Brasil de hoje.

PRELIMINARES DE EDIÇÃO POPULAR

O levantamento feito não é nem poderá ser exaustivo, funcionando como uma amostra do que foi possível encontrar até agora. Aparecem surpresas a cada momento, um título recriado, um simplesmente transcrito, a partir do texto de outra editora ou mesmo "maquilado", ou seja, modificado em pequenos detalhes, para dar a impressão de um outro livro.

Estes conjuntos parecem atender a vários públicos, dentro do público-alvo. É uma espécie de resposta a diversas solicitações de

---

12. Ver *Merlin le Prophète* de Paul Zumthor, Genève, 1973, pp. 180, 221, 225-34. Trata-se de um trabalho sobre o qual se apoiaram muitas das interpretações aqui desenvolvidas.

grupos que, se têm a unidade de um todo, têm diferentes graus culturais e aquisitivos. Põe-se ênfase especial em determinados aspectos do conjunto, e isto significa atingir vários tipos de leitor ou até mesmo o "leitor fiel", consumidor habitual deste tipo de livro, em diferentes momentos de sua trajetória, e de acordo com suas necessidades.

A partir destes textos, de cada um deles, vão se acompanhando as possibilidades escolhidas e ricas de sugestão de cada um. Impossível deslindar cada fragmento, frase ou símbolo. A seqüência dos próprios escritos vai ditando a escolha dos mais importantes, as entrelinhas vão revelando pistas e temas, por onde enveredar na explicação do possível, mas o mistério permanece. Mistério de um tema como este, tão complexo, de repertório infinito, de alcance enciclopédico, encampado na produção editorial, com todos os recursos possíveis, e visando a públicos cada vez maiores.

Como acompanhar temas e motivos, estruturas narrativas e caracterizar textualmente esta série de livros em que São Cipriano é às vezes apenas o pretexto, mas em que sobrevive a força do assunto feitiçaria e se encaminha todo um conjunto pertencente ao universo da lenda, orações e mistérios do santo bruxo?

Apesar da grande diversidade, há, como se foi vendo, um lastro comum que permanece, por exemplo, a narrativa inicial, os procedimentos na relação com o diabo, o pacto, as receitas para se conseguir isto ou aquilo.

Como se pode ver, há uma variação enorme, até entre os títulos publicados pela mesma editora, quanto à postura, ao tipo de linguagem, à apresentação, à embalagem, ao clima configurado e criado.

O editor lança dois ou três tipos diferentes, contrata uma espécie de "autor-legião"[13], para que este cumpra sua parte no processo da criação múltipla, da compilação, do anonimato, da apocrifia. Procura-se dar ao público aquilo que ele solicita, ou seja, compor os fragmentos desta diversidade, numa possível unidade que vai trazendo, revivendo e atualizando todo um repertório das crenças populares. Por outro lado, se existe a aventura do prazer narrativo, existe *também* aquela missão de informar e de mistificar, que vai se intensificando e alcança grandes resultados.

---

13. "Autor-legião" é um conceito de Menéndez Pidal, difundido por Paul Benichou. Significa aquele que, ao criar, incorpora as expectativas da comunidade, aquilo que Paul Zumthor chama de conhecimento metapoético dos temas. Ver *Cavalaria em Cordel*, São Paulo, Hucitec, 1979, p. 14, em que desenvolvo o assunto.

Assim os editores através de seus autores e ilustradores, em sua maioria contratados, vão compondo partes de uma sinfonia maior sobre o tema. Só que, geralmente, os autores são contratados para escrever, e cabe aos editores a grande fatia do lucro. São Cipriano é para eles uma lenda e uma estória, um almanaque altamente produtivo. Parece que o negócio é cada vez mais próspero no Brasil, e ao que se constata, há grande aumento no preço de capa, o que não diminui a procura.

Algumas dessas edições são mais completas e avançam para as informações de textos, tratados, manuscritos, puras fantasias, outras se concentram mais nos sonhos, nas receitas, benzeduras, esconjuros, orações. E os que transmitem estas receitas narrativas e sugestões de magia, por sua vez, não pretendem desafiar a ordem estabelecida, mudar o estado de coisas, oferecer uma informação renovadora. Ao contrário, os textos querem respeitar a moral estabelecida, embora manifestem um tom apocalíptico, misturando, às vezes, o discurso aterrador e moralizante ao de prédica. Então, o mal, a feitiçaria, é apenas a chave do mistério e do êxito comercial, o bem, o componente necessário e que alterna com o mal, mas que pode aplacar a "má consciência" de autores e editores. Leva-os a convencer-se de que estão sendo úteis, para além de comerciais ou apenas profissionais. Ensina-se a ser feiticeiro e, depois, adverte-se para que se não seja. Às vezes o texto se transforma num capítulo de edificação, de proveito e exemplo, como se estivesse tentando preservar os "bons costumes" e a ordem social.

Os Autores

Aqui a noção de autor é bem diferente daquela do mundo da cultura oficial. Em alguns momentos nos aproximamos do compilador medieval, em outros, da composição coletiva, que caracteriza certas criações do chamado folclore.

A definição de autor como sujeito produtor da obra é uma noção moderna e problemática, e "abordar historicamente o autor, obriga mesmo a colocar a perspectiva do sujeito e sua relação com estruturas trans-subjetivas, seja as de classes sociais"[14].

Não se pode deixar de tomar em consideração esta questão de classes, ainda que percebendo a fluidez e oscilação dos limites, entendendo que são muito fluidos e móveis os pontos de demar-

---

14. Ver "autor" em *Elementos de Sociologia Literaria* de Sarlo y Altamirano, Buenos Aires, Centro Editor de América Latina, 1980, pp. 11-13.

cação, que as classes médias muito se aproximam das populares, fato que se reflete no consumo destes livros. Creio que a autoria da obra literária é também assunto a ser discutido, sob a perspectiva da sociedade e seus modos de produção, de suas concretas possibilidades materiais.

Os autores de folhetos populares, como aqueles nordestinos de "cordel", mesmo atuando à margem do sistema industrial, e criando sobre um repertório muito coletivo, eram muitos deles editores de si mesmos ou tinham uma relação de igual para igual com o editor. Exerceram sempre por isso o seu papel de poeta, que lhes assegurou um nome e uma certa aura de individualidade criadora. Assim foram Leandro Gomes de Barros, João Martins Athayde e Rodolfo Coelho Cavalcante, nas centenas de folhetos que assinaram.

Quando se trata porém de uma produção industrializada como esta e visando a públicos populares que se ampliam, uma literatura produzida para as grandes massas anônimas, de fato, a situação se faz bem diferente. O cenário é o dos bairros populares, a autoria pode ser compilação, fragmentos textuais de domínio público reunidos ou simples cópia. São recrutados escritores, alguns muito bons, a quem compete criar no anonimato. Alguns deles são escritores que não tiveram chance nem encontraram espaço na cultura oficial, fantasmas ou *ghost writers*, que retrocedem no tempo e, em geral, transmitem valores muito conservadores. Conta muito para eles esta oportunidade de escrever ou de sobreviver, e vão produzindo livros às dezenas, interferindo nos textos que copiam e de que se apropriam, e quando criam aproveitam para fazê-lo num espaço que denominei "brechas da criação"[15].

Ao lidar com esta produção de textos, não se pode perder de vista os prefácios. Eles são os grandes exercícios, onde se faz, de modo mais intenso, o ofício de escritor da cultura das bordas. Esta é a chance que têm para escrever textos "científicos" ou de ficção, para exercer a arte que sonhariam, se estivessem em outra esfera. Também eles gostariam de ver sua atividade de autor (que muita vez se diz ou inventa – compilador) consagrada com o nome de verdade, falado alto e bom som, e ter o reconhecimento da crítica etc. Mas paciência, é o que se pode, e o ofício lhes garante ou reforça a sobrevivência cotidiana.

---

15. Ao cotejar os textos populares e sua matriz textual, desenvolvo também em *Cavalaria em Cordel*, ed. cit., o conceito de "brechas da criação", p. 36.

Nos estudos sobre os livros populares franceses[16], encontramos que alguns textos eram redigidos por operários da editora ou da gráfica, por tipógrafos e outros que se faziam de escritores.

Em nossas editoras populares, temos autores existindo de fato como autores, e contratando seus serviços com editoras, às vezes produzem todos os textos de seu elenco. Em outras, eles nem sequer existem e a fantasmagoria é levada às últimas conseqüências. Um livro simplesmente repete o de outra editora, segundo alguém que apenas seleciona.

Alguns dos livros de São Cipriano trazem os seguintes autores:

- Joaquim Botelho Sabugosa, Editora Eco, Rio. Dizendo-se tradutor do hebraico e da Academia de Ciências Ocultas de Bernau.
- Julio Alcoforado Carqueja, Editora Eco, Rio.
- H. L. Junior, Edição antiga da Editora Espiritualista, s/d, Rio.
- Adérito Perdigão Viseu, Editora Eco, Rio.
- Possidônio Tavares, Editora Eco, Rio.
- N. A. Molina, Editora Espiritualista.
- Urbain Laplace, Editora Luzeiro, São Paulo.

Em certas editoras se fala de pesquisa, seleção e compilação do departamento editorial; também de coordenação, como a de Maria Helena Farelli, Editora Pallas, Rio. Algumas nem trazem a menção de quem escreve o livro, e em outras, esse alguém se assina, às vezes muito orgulhosamente, depois de um daqueles antológicos prefácios, como "O Compilador".

Referindo-se à literatura popular francesa, conhecida como *colportage*, diz Geneviève Bollème que o nome do autor está destinado a desaparecer como signo de propriedade do escrito; que ele se vai tornando anônimo, na medida em que se trazem novas significações, e se está diante de uma verdadeira massa de produção difícil de controlar; que é colocado aí despojado de nome, para que ele possa melhor se abrir à mistura de textos.

Prefiro, no entanto, interpretar, partindo do processo da produção. É a grande massa, em sua múltipla engrenagem, que exige alguém com suficiente adaptabilidade, que não encontrou lugar nos letreiros oficiais da cultura, e a quem se confere um contrato de produção. O pseudônimo cria as necessárias condições do

---

16. São indispensáveis como ponto de partida os estudos de Geneviève Bollème sobre livros populares franceses, sobretudo os que tratam da coleção de livros populares conhecida como Bibliothèque Bleue e generalizada como literatura de *colportage*.

anonimato, para que se sujeite esta produção, sem problemas, *ao ritmo urgente do lucro*. Permite-se também a criação de uma certa aura mistificadora; o autor fica mais à vontade, como é o caso do livro que estudo agora, e em condições de mexer mais livremente com aquela cultura relegada, interdita, coisa de submundo, que aflora. Fazem-se também mais à vontade as forjações e as piratarias a que este tipo de literatura obriga.

Um Autor do Livro de São Cipriano[17]

Chego a Ribeirão Preto, no interior de São Paulo, onde fui de propósito para entrevistar Rubens Luchetti, que, como Urbain Laplace, escreveu para a Luzeiro, de São Paulo, o *Livro de São Cipriano*, entre muitos outros. Este texto é muito especial, conciso, abreviado mas cheio de previsões apocalípticas, e com um estilo muito cuidado e até irônico nas entrelinhas. Coloca-se como quem está narrando algo, mas sempre desconfiando e deixando sugerir incertezas. Por outro lado, sente-se na sua linguagem uma profunda integração do repertório, daquele composto de saberes, do mundo mágico, povoado de fantasmas e aparições. Percebe-se, no entanto, uma certa "má consciência", por estar transmitindo práticas que podem passar da ficção ao plano da realidade, quando recebidas por pessoas crédulas, e aí se carrega o texto de um tom de advertência moralizadora.

Eu já sabia, pelo editor e por outras pessoas a quem indaguei, que se tratava de um intelectual, de um pesquisador metódico, dado aos livros com fervor. Também homem de cinema, autor premiado de muitos roteiros, tendo feito cinema abstrato e experimental e trabalhado na produção, como roteirista para Mojica, nos filmes de Zé do Caixão, e autor de estórias e filmes de vampiros. Sua ligação maior é com a espiritualidade que perpassa seu mundo inquieto e com a crença na outra vida, que se funde com o seu projeto maior, paixão e razão de ser nesta vida onde quer que ela se possa realizar. Criar, contar, no cinema ou no texto, um ofício compulsivo. Diante dele eu me sentia pequena e encantada, Alice no país das maravilhas, e ele me falando da vampira brasileira que criou, da filha de Drácula extraviada no Brasil e de uma personagem vampira que descrevia com as mãos, presentificando seus gestos e fazendo-a beber sangue a copos.

Nos contatos que tivemos antes pelo telefone, ele já me dizia:

---

17. Ver "Rubens Lucchetti, Heterônimos e Cultura das Bordas", *Revista USP*, 4:169-74, São Paulo, 1989.

"Eu sou um ficcionista". De fato, ninguém mais que ele. Diante da necessidade que o engajou num ritmo alucinante, fez-se autor de trezentos livros, teve então de criar não apenas pseudônimos, mas *heterônimos*, fazendo surgir personagens em configuração física e espiritual para cada ciclo de experiências de criação. Assim é que, como Urbain Laplace, sábio e dedicado a coisas de astrologia, escreveu quinze livros, inclusive aquele *São Cipriano* para a Editora Luzeiro. Mas Laplace transita por outras editoras e vai fazendo o seu caminho de sábio apocalíptico e dono de forte voz. Com outros nomes escreve livros de sonhos, horóscopos chineses, tratados vários. Este autor merece saltar das páginas de meu texto e ser estudado como um incrível fenômeno de criação onde se colocam a história da estória, a autoria, as relações sociais que cercam, bloqueiam ou liberam o processo criador.

A heteronímia foi uma saída, o jogo criativo, o modo de enfrentar impasses ou a máscara de representação múltipla; procedeu seguindo modelo clássico de Pessoa, usando-se a si mesmo como criador e personagem. Lembro sempre de Ho Chi Min, que se fragmentou em muitos guerrilheiros, recebendo, em função de diferentes situações, muitas posturas e outros nomes, para poder perfurar e transformar-se no verdadeiro formigueiro, que faria explodir a dominação francesa no Vietnã. Também este autor de Ribeirão Preto tenta adaptar o ritmo espantoso de sua criação a tudo o que poderia ser, transitando interclasses, operando entre o possível e o impossível, fazendo-se passar por outras almas, para produzir aqueles textos em que se engajou para sobreviver, e a que não se queria dar friamente e por dever de ofício. Este produtor de roteiros, de estórias de vampiros e detetives, tradutor de Conan Doyle, pesquisador incansável, espírita, sem kardecismo ou umbanda, reúne tudo por vocação e poligrafia, procurando achar o porquê de tudo isto, prosseguindo em seu ofício intermitente de escritura e de criação no universo do livro que se destina aos públicos populares.

A FORÇA DOS TEXTOS E A TRADIÇÃO FÁUSTICA

A Editora Eco: os Vários Tons do Mistério

Esta editora responde por uma grande quantidade de títulos, muito diversificados.

O Antigo e Verdadeiro Livro de São Cipriano, com um oráculo de cinqüenta segredos úteis, assinado por Possidônio Tavares como autor, vai corresponder exatamente ao conteúdo do livro português localizado na Biblioteca Nacional de Lisboa: aquela edição portuguesa foi copiada até nos diagramas. Só que o pseudo-autor não se deu ao trabalho de adaptar o seu texto a situações brasileiras. Não se entende, por exemplo, que sentido pode ter para um leitor ou devoto deste livro, aqui e agora, o mapeamento dos locais portugueses onde estão encantados os tesouros. Aquela mencionada praga em Portugal, terror dos arqueólogos e colecionadores de peças antigas, que são os "ciprianistas" ou caçadores de tesouros, perde aqui sua razão de ser.

O Livro de São Cipriano Feiticeiro

Diz-se traduzido dos manuscritos de *Os Prodígios do Diabo*, a partir do hebraico, por Joaquim Botelho Sabugosa da Academia de Ciências Ocultas de Bernau; começa com uma reprodução de Blake e com a Vida de São Cipriano, a partir da tradição narratológica habitual da legenda.

Na parte relativa a tesouros e sonhos, há a construção de um tipo especial de texto; numa enunciação precisa vem a relação de fenômenos fantasmagóricos, que apontam para um mistério eternamente indecifrável:

> Têm sido registrados casos de pessoas que, ao morrerem, deixam tesouros encerrados; e é crença muito espalhada que as almas dessas pessoas ficam vagando no espaço, e não podem entrar no céu, nem no purgatório, enquanto não se vêem livres daquelas riquezas que deixaram debaixo da terra (...) No tempo em que os bancos não eram tão comuns como hoje, sabia-se que as pessoas tinham grandes dinheiros ou possuíam jóias ou objetos de valores, os enterravam dentro de casa, debaixo de ladrilhos e ou tijolos...

Segundo ele, *Confissão* é o nome do *Livro de São Cipriano*, que se converteu, mas os manuscritos que ele escrevera e os apontamentos da Bruxa Évora, ele colocou no fundo de sua grande arca, pois apesar de os mesmos não terem tido forças suficientes contra o Deus de Justina (referência à narrativa preliminar de Cipriano e Justina), os reconhecia de seu portentoso valor e serviriam futuramente para elucidar os povos. Diz que foram levados para Roma e arquivados na Biblioteca do Vaticano. Remete para o *Livro do Feiticeiro Athanasio* desta editora. As gravuras e ilustrações são intimidantes: fantasmas, espectros horrendos, alucinações provocadas pelo poder das rezas diabólicas de São Cipriano, o maior dos feiticeiros.

Na gravura, ei-lo, no entanto, com um halo de santo. É neste contraste entre os mistérios do mal, a possibilidade de realizá-lo, e a possibilidade do bem, conversão e redenção, que reside o sucesso popular do livro.

No caso deste título há uma ênfase na didática do terror. Topa-se de saída com uma gravura de Asmodeu, o demo do furor, segundo o livro, e onde se diz: "Cipriano sabia como invocá-lo e ensina a você, leitor, nesta obra, única no gênero".

Só depois do susto é que vem a didática da prudência, quando se conta aquela famosa advertência do Dr. Fausto, alquimista famoso, ao seu aprendiz afoito. Veja-se aí a presença explícita do tema faústico, em um dos seus componentes mais vivos e onipresentes.

Aliás, as gravuras têm neste livro um papel muito importante de persuasão; por exemplo, o talismã da mão da glória, que traz poderes mágicos e fortuna aos que o possuem. Diz-se aí que, descoberto pelo mago de Antioquia, é um dos amuletos mais perigosos da magia negra.

Encontro num livro de Grimoires[18] a curiosa receita da *mão da glória*, cuja evocação e representação é muito corrente em livros de magia:

> Arranque o pêlo de um jumento vivo em sua raiz, o mais perto da natureza, dizendo Dragne, Dragne. Embrulhe o pêlo. Vá, tão cedo quanto possa, comprar um pote de barro novo com sua tampa, sem discutir o preço. Retorne à casa, encha este pote de água da fonte faltando dois dedos para a borda e coloque o dito pêlo dentro; cubra o potinho e coloque num lugar que você, e não os outros, possa vê-lo, porque haveria perigo. Ao cabo de nove dias e à mesma hora que você o tiver escondido, vá descobrir o pote: você encontrará ali um pequeno animal em forma de serpente, que se dirigirá a você, ao fim, e a quem você dirá logo: *Eu aceito o pacto*. Isso feito, você o toma sem tocar nele com a mão e o coloca numa caixa nova comprada expressamente para isso, sem negociar. Você lhe dará gérmen de trigo, nenhuma outra coisa, mas é preciso não deixar de dar todos os dias...

Voltando ao livro, num rol extenso de assuntos a que comparecem segredos milenares, as receitas indefectíveis para se tornar invisível, as rezas e benzeduras, súplicas e conjuros, o autor aproveita e recomenda o *Manual de Rezas e Mandingas*, da mesma editora, orações com grandes latinórios, conjurações sucessivas.

Na medida em que desfilam gravuras aterradoras e se dá conta do perigo que por elas se transmite, entende-se que há espaço para uma advertência que, dada a tempo, pode ajudar a resolver impasses, mesmo porque se segue a corrente milagrosa e a recomendação para dela se fazerem cópias em papel. As seqüên-

---

18. O talismã da mão da glória é de reprodução muito freqüente nos livros de magia e nos de São Cipriano. Ver *Grimmoires et Rituels Magiques*, Paris, Belfond, 1972, p. 166.

O LIVRO VERMELHO E NEGRO DE SÃO CIPRIANO

cias de linguagem são muito próprias e se constroem em modelos definidos, como, por exemplo, aquela que transmite a relação dos segredos.

Também nos trechos em que se faz passar uma visão do Inferno, os demos com caudas de serpentes e cabeças de felino: "Cipriano, o bruxo, assim os viu, quando traçou o círculo mágico dos feiticeiros".

E ainda no texto que fala de tesouros e de seus mistérios:

> Visto de tão longe, aquele orifício negro, de bordas irregulares, faz lembrar o covil dalguma gigantesca serpente que, se existir, deverá vir por cima da pedra e escorregar pela borda até alcançar a enorme caverna, onde se abrigará para dormir ou repousar das suas caçadas.

Finalmente, a recomendação aos distintos amigos que se quiserem aumentar seus conhecimentos sobre estas práticas adquiram o *Livro de São Cipriano Capa Preta*, à venda nas boas casas livreiras. Este *Livro de São Cipriano Capa Preta* tem a assinatura de um imaginário Adérito Perdigão Viseu. Segue o mesmo esquema do *Antigo e Verdadeiro Livro de São Cipriano* assinado por Possidônio Tavares, acrescentando apenas o oráculo de cinqüenta segredos, que é uma espécie de tratado de medicina prática e popular, receitas para evitar insetos, para azia, contra pulgas, moscas, mosquitos, para evitar lombrigas, piolhos etc.

Acrescenta-se também apenas a parte X, composta de orações, e entre estas, a do Anjo Custódio.

O Poderoso Livro de São Cipriano, assinado por Joaquim V. Guimarães, traz um prefácio que contém o tom demarcado de prédica das igrejas pentecostais no Brasil. Começa diretamente com a inimizade entre o homem e Satanás, uma explicação teológica sobre Deus e o Diabo, Satanás, Cristo, apostasia entre outros temas. Há sempre uma fala apocalíptica e prenunciadora do fim dos tempos, da consumação das raças [sic]. O linguajar culto passa por uma didática clara que, mesmo não sendo percebida em sua extensão pelo leitor popular, leva a uma certa aceitabilidade do tom solene. Poderia ser ainda a fala de um antigo pregador criando, desde logo, uma aliança com o leitor contra o demônio, com quem ele terá, no entanto, de conviver ao longo do texto.

> Ele pode afligir, porém não contaminar. Ele pode atribular, porém não poluir. Assim como Cristo venceu esta luta, também Cipriano de Antioquia, como seu fiel seguidor e com muita fé, inspira a todos os leitores e também a formarem milícia de fé contra o pecado e Satanás.

Mesmo nas passagens em que é copiado o texto arcaico, há a relação constante com o público visado.

Depois, o livro praticamente se compõe de orações, como a prece para começar o dia; um conjunto de receitas para pele e cabelo, por exemplo, tendo no entanto as medidas arcaicas; traz até receitas de primeiros socorros.

Há receitas poderosas de São Cipriano que soam muito curiosas para nós, mesmo porque muitas delas são de origem rural: "para ser empregado do governo, para encontrar tesouros, para evitar o domínio de outras pessoas, para clarear a pele, para arranjar um emprego, para melhorar de emprego, para evitar a mortandade do gado" e outras ainda mais curiosas como "meio para as pessoas *morenas* clarearem a pele", pomadas contra rugas, receita para deixar de beber etc.; também aquelas para obrigar o marido a ser fiel.

Numa das partes traz as sete orações-chave da felicidade, que são orações como esta: "Oxalá, vós que refletis o princípio criador, vós que sois o verbo solar, a ciência do verbo sublime, vós que fazeis a supervisão de todos os orixás na terra... abençoai-nos". A adaptação ao universo das religiões africanas vai se fazendo intensa e, de repente, se introduz: "Meu senhor do Bonfim, acho-me na tua presença. Que o Sagrado Orixá Ogum corte com sua espada todos os males que de mim se acercaram" etc. Há uma série de procedimentos ritualizantes, próprios de operações mágicas e que se dizem instruções, como, por exemplo, rezar três vezes seguidas entre onze e meia-noite, diante de um crucifixo com sete velas acesas.

Na parte relativa a orações, esconjuros e invocações, há um discurso culto, daqueles que passam pela organização destes autores anônimos, e que têm tudo a ver com os prefácios escritos por eles com o universo em que transitam.

Aliás, os textos introdutórios e prefácios são da maior importância para o entendimento desses livros. É aí, e nos *intermezzos* da compilação, que se dá a criação do autor, convidando a participar daquele apontado processo anônimo da escritura, mas sem abdicar de poder ser escritor:

> Antigamente, como é sabido, era admitida a existência de seres viventes, invisíveis, que povoavam os quatro elementos: o ar, a água, a terra e o fogo e os quais possuíam faculdades físicas análogas às dos humanos. A estes seres, dava-se-lhes o nome genérico de elementais, e se lhes atribuía intervenção nos atos dos homens, sobretudo quando eram invocados por um feiticeiro.

Cita-se então Paracelso que é aí chamado de célebre alquimista da Idade Média e que comparece para explicar a complicada descrição dos "elementais", seja ninfas, silfos, pigmeus, salamandras.

São Cipriano é completamente expulso do livro e passa o autor a discutir sociedades secretas e os mistérios do Egito, citando inclusive a obra clássica de Maspero[19]. O texto em toda a seqüência tem registro culto e a passagem pelos mistérios da Caldéia se faz através da citação de uma série de clássicos consagrados no estudo das religiões antigas.

Termina abruptamente, falando de Bachus [sic] e Priapo e, na página seguinte, vem o anúncio de um talismã com o signo de Salomão. Em apenso, a Oração da Cabra Preta Milagrosa, que não poderia faltar. Há no corpo do texto um precioso conjunto de farmacopéia popular, fórmulas que lembram os famosos tratados de Medicina popular, como aquele *Chernoviz* que os nossos avós possuíam.

São Cipriano das Almas

O *Livro de São Cipriano das Almas*, de Julio Alcoforado Carqueja, começa com presságios e oráculos. Também com uma discussão sobre os sonhos. Há sempre nesses livros uma informação cientificista, aquilo que na antiga retórica se chamou de *thekmerion* e que Roland Barthes analisa no seu estudo "Goldfinger Contra 007"[20].

Por que se chamaria o livro de *São Cipriano das Almas?* Já no *Flos Sanctorum*, referindo-se a São Cipriano, encontramos que "o divino senhor, que se digna de ostentar os tesouros da sua clemencia sobre as *almas humildes* e sobre os grandes peccadores verdadeiramente convertidos, lhe concedeo a graça de obrar milagres".

Ora esta procedência, o falar aos convertidos, justifica o tom do livro, não aterrador e didático nos termos dos anteriores, mas num clima muito mais próprio para explicar o que se deve sobre os mistérios. Sabe-se também o valor e peso do culto das almas no Brasil.

Neste texto brasileiro se lê:

---

19. O autor cita estudos clássicos das religiões antigas. Assim, Maspero, estudioso de religiões chinesas e do taoísmo.

20. Ao analisar a seqüência de "Goldfinger Contra 007" e o que se diz da mulher que morre porque lhe aurificaram o corpo, evoca Roland Barthes, com muita propriedade, o *thekmerin* ou o índice seguro da antiga retórica, que é um tipo de formulação cientificizante. Segundo ele, essas premissas se aproximam muito daquelas que inauguram o silogismo científico. Ver Roland Barthes, "L'Ancienne Rhétorique; aide-mémoire", *Communications* 16:172-223, Paris, 1970.

Os indivíduos de tendências materialistas talvez digam que ver aparições e visões é apenas sonhar acordado. Isto porém é desviar-se da questão, agora que é geral admitido cientificamente que os sonhos são indicações da consciência em outro plano da existência. [...]: os presságios podem dividir-se em duas classes, particular e geral. Na primeira encontram-se aqueles que, embora não sejam invariavelmente aplicáveis a um só indivíduo, são de caráter pessoal. A carruagem fantasma que dizem chegar até a porta de um castelo do país do Norte é presságio de morte na família, é um. O pássaro branco dos Oxenhams, que deu aviso durante gerações, é outro.

O autor conduz então o seu discurso para discorrer sobre as "superstições populares". Diz muito cientificamente que "cada país tem suas variantes de significação de tais presságios".

Para se entender o processo de composição destes livros populares, será necessário conviver com muitos deles e ir atrás dos trânsitos que se fazem entre uns e outros. Acontece, por exemplo, que este texto do *São Cipriano das Almas* está contido no *Livro das Profecias de Nostradamus*, da Editora Brasil[21]. A linguagem do texto é em geral escorreita, bem cuidada e guarda um tom clássico, às vezes barroco. Parece ter havido uma fonte comum de onde foram retirados ou, quem sabe, apenas um copiou do outro.

Também quanto à tradição esotérica, que passa do culto ao popular, transmitindo textos, pedaços, fragmentos, que vão sendo copiados neste e naquele livro.

"Segredos Místicos" é um capítulo realmente bem trabalhado do *Livro de São Cipriano das Almas*, e traz no rodapé até a indicação de bibliografia e notas. Chega-se ao preciosismo de falar em meio e denominações nos seguintes termos:

Na ordem material é possível que possamos chegar a referir todos os sistemas de adivinhação que estão representados pelas seguintes formas: meio – denominação; água – hidromancia [...].

Daí, passa-se para a constituição de um verdadeiro *Lapidário Medieval*, chegando-se a essa incrível tirada: "Para o alquimista tudo é ser ativo; para o ocultista, tudo pode tornar-se símbolo". Seguem-se o quadro dos símbolos e a virtude das pedras planetárias, menção a fontes hindus, ao sânscrito etc. Também o rol de horas fastas e nefastas; a cledomancia aí apresentada como a ciência das palavras que trazem felicidade ou infelicidade, fatais ou conspiradoras.

---

21. Este *Breviário de Nostradamus*, Editora do Brasil, 1964, é uma peça que merece análise. Traz um rico capítulo sobre "Grimórios", aí denominados "Breviários dos Bruxos". Diz-se que na Bibliotecca do Arsenal de Paris há um bom número de peças raras, todas elas manuscritas, algumas sobre pergaminho etc.

Este texto são vários textos, fica a marca do repertório do *São Cipriano*, fica o livro como fetiche, iniciador de mistérios e ao mesmo tempo fonte de informação.

Mesmo em um conjunto que é, em seu todo, cópia servil de um texto português, tem-se a chance narrativa, quando menos se espera. Relatos e uma ou outra cena como esta de *São Cipriano das Almas*:

> Numa explosão de enxofre o demônio apareceu a Cipriano. Vindo das regiões infernais, trazia nas mãos descarnadas o maior dos segredos da Magia Negra: os pergaminhos que dão fortuna e a glória. São Cipriano, com a cruz invertida ao peito, uma serpente negra e forçados sortilégios, ganhara assim de Lúcifer estes tesouros.

Revelam-se aí escritores que não encontravam seu espaço na cultura dominante, aquilo que chamei de cultura das bordas e que alugam seu exercício, o seu ofício de escrever com destreza numa construção tradicional e muito bem recebida. Há em alguns deles perícia, proporção e equilíbrio.

Seguem-se exorcismos para expulsar o diabo do corpo, fantasmas e sua definição, a Ladainha dos Santos e, abruptamente, o capítulo sobre "os sinais brancos e pretos que aparecem nas unhas". Na parte que trata de espíritos diabólicos, recomeça o tom erudito, citam-se S. Agostinho, o Livro 22 da *Cidade de Deus* e a *Vida de São Gregório*. Não faltam mesmo referências a Plutarco e o habitual latinório. No meio de tudo isto flui o gosto de narrar estórias:

> Mais notável é a história que refere João Tritemio na descrição do Mosteiro Hirsagiense. Diz que pelo ano de 1132, em um lugar da Saxônia, se deixava ver um homenzinho com o seu cabelo na cabeça, a quem, por essa causa, chamavam os saxônios Hudekin, que na língua latina quer dizer Pileatus, e que devia ser dos que, na nossa, chamamos de fradinho-de-mão-furada.

A fonte é muito portuguesa, o que não invalida o comentário feito a respeito deste tipo de autor.

> Veja-se, também, o mui douto padre Manoel Bernardes, da Congregação do Oratório, na sua Floresta, onde com a sua costumada erudição, trata de semelhantes matérias e refere vários casos de espíritos endemoinhados.

Depois de todo um discurso erudito sobre a aparição do fenômeno dos diabinhos, diz que, para combater e evitar essas aparições, deve-se ir todos os domingos à missa.

A parte de astrologia segue o horóscopo milenar de *São Cipriano das Almas*, os "dados pela posição do sol nos doze signos zodiacais", e depois vem o quadro explicativo das influências dos

72 gêneros, remetendo para as formulações de Eliphas Levy em seu *Tratado de Magia*.

Quanto aos trabalhos de magia, há uma discrepância entre aquele tom solene e informativo e esta receita mistificadora:

> Se bem que São Cipriano falasse sempre em gato preto, a razão era a facilidade em encontrar esses felinos em sua terra mas conforme se pode observar ele diz também da força mágica do cão negro, das aves negras etc. Assim sempre que não lhe for possível conseguir um gato preto, pode substituí-lo por um frango (ou galo) ou outro animal negro.

Comparece aqui a famosa invisibilidade, que, segundo o livro, se pode conseguir de vários modos: cientificamente ou por um extraordinário poder mental (...) um dos meios de aumentar tremendamente este magnetismo seria a poção ensinada por São Cipriano:

> Faça uma cova de 30cm aproximadamente, em forma pentagonal (pentágono, estrela de cinco pontas, signo de Salomão), coloque carne verde no fundo (São Cipriano recomendava matar um animal...)

Também é muito curiosa a fórmula para a obtenção de um famaliá ou diabinho familiar[22]. Diz o livro que o famaliá é um duende com menos de um palmo de altura mas que faz coisas maravilhosas. Há vários meios de conseguir um. Depois de dar toda a receita, termina por dizer:

> No fim da vida carrega-lhe a alma para as profundezas do inferno. Há fazendeiros mineiros no Vale do rio São Francisco, moradores do município de Januária que possuem seus famaliás, todos muito bem guardados. Com efeito, só um pacto com o demônio justificaria o aparecimento de suas riquezas e maneiras exdrúxulas, que assinalam seus atos na vida social.

Citando-se aí o *Diário de Minas*, Belo Horizonte, 21, XII, 1950, artigo de Saul Martins; no entanto, o livro oferece outros meios de conseguir um famaliá sem "dar a alma ao diabo", até finalmente chegar ao ponto do pacto com o demo.

A literatura está cheia de casos de pacto com o demônio, alguns atingiram notável celebridade, como o Dr. Fausto. O pacto com o diabo é tradição européia e, aos que desejarem fazê-lo, vamos traduzir a fórmula de São Cipriano.

---

22. Os famaliás e fradinhos-de-mão-furada têm presença marcada na tradição popular portuguesa, sendo que Antonio José da Silva (O Judeu) consegue dar ao personagem e ao tema desempenho magistral em sua peça *As Obras do Diabinho da Mão Furada*. Partindo da tradição do conto popular, cheio de ironia

Representa, em seguida, o pacto de Salomão com os demônios.

Tudo isto mais a narrativa de estórias, mais orações, receitas, esconjuros e uma explicação "científica" para fenômenos como magnetismo, ciência talismânica etc., fazem deste livro um dos mais interessantes do conjunto São Cipriano.

O Lastro da Espiritualista

O *Antigo Livro de São Cipriano, o Gigante e Verdadeiro Capa de Aço*, assinado por N. A. Molina, o mais completo que encontrei, traz, de saída, uma recomendação especial "aos leitores", dizendo que eles já devem saber que este livro foi traduzido dos antigos manuscritos de São Cipriano e revela, através de suas páginas, os segredos do feiticeiro secular [sic]. Dá como razão do êxito absoluto de São Cipriano aquele segredo místico. Pede que eles guardem segredo absoluto sobre os trabalhos que forem executados para que os mesmos tenham êxito completo. Recomenda, além disso, que não se comentem e que não se emprestem os livros, um truque editorial, aliás corrente na maioria deles.

Chega a mais, propõe que o leitor seja virtualmente um feiticeiro. O êxito conseguido por esta forma de truque é indiscutível, pois a edição de que disponho já é a 24ª.

Dá-se em seguida a notícia, também habitual nestes textos, de que ele foi encontrado na Torre do Tombo, dizendo-se o seguinte:

E houve naquele burgo um homem de muitos maus instintos e que parecia ter parte com o demônio; e foi denunciado pelos seus vizinhos de mais perto como feiticeiro e bruxo e o Santo Ofício logo o prendeu. E ele tinha conseguido um livro de feitiçarias e mágicas e outras coisas demoníacas, o qual livro era todo escrito sobre um pergaminho com tinta preta e vermelha e era cozido na lombada com tiras do mesmo pergaminho. E o homem não quis dizer onde havia escondido o manuscrito, para que o Santo Ofício não fosse buscar e queimar. O homem morre na fogueira do Santo Ofício mas não disse onde estava o manuscrito. E dizem que continha fórmulas mágicas e encantamentos que vinham dos árabes, dos assírios, dos caldeus, dos hebreus, dos mouros, dos fenícios. E embora estivesse vertido mais da metade em linguagem portuguesa, tinha parte em letras rúnicas e em outras letras hebraicas e também nas letras do alfabeto grego e árabe. E isto era para que os que vissem não soubessem o que estava escrito. E na primeira folha a qual servia de capa estava o seu nome que era: *O Antigo Livro de São Cipriano, o Gigante e Verdadeiro Capa de Aço*.

e coragem, consegue transmitir o conjunto do universo mágico e perseguido e a crítica de seu próprio tempo. A edição de que me sirvo é a das *Obras Completas*, Lisboa, Ed. Sá da Costa, 1958, pp. 221-350.

Curioso é que este título da Editora Espiritualista não tem nenhuma sugestão de metálico ou lâmina, como ocorre com alguns de outras editoras, imitando os capa de aço. Creio que deve ter havido antigos livros com capas de metal, à maneira de velhos missais. José Calasans informou que se lembra de ter visto um deles, de capa metálica, na Bahia.

Continua o livro da Editora Espiritualista falando das origens. Diz que este documento refere a ser o autor do século XIII e até agora constitui a mais antiga referência em terras portuguesas, e que quando se cavava o chão no Bailio, perto do Porto, se encontrou um livro feito todo de pergaminho no qual estavam escritos vários esconjuros, exorcismos, rezas e feitiços. E eram palavras escritas com tinta preta com as letras iniciais escritas a tinta vermelha (escritura em português, italiano, hebraico e aramaico).

Ao enfatizar a perseguição pelo Santo Ofício aos livros de feitiçaria, o que de fato ocorreu, manda um recado de perseguidos a possíveis perseguidos, uma identificação que não se desfaz ao longo de tantos séculos.

O livro fala também que os mágicos não recorrem a Deus nem ao Diabo mas ao poder metafísico. Quanto ao impresso, diz que, seja como for, o manuscrito nunca chegou a ser publicado, de início, porque não havia sido inventada a imprensa e depois em vista de os manuscritos mágicos não poderem ser impressos, dadas as suas características extraordinárias. E era o manuscrito sempre copiado a mão, como convém aos livros desse gênero, os quais se acreditava que, se fossem compostos em letra de forma, perderiam parte da força que tinham naquela época.

O autor fala que na casa de um suíço encontrou um desses livros do século XV – manuscritos mágicos tradicionais e, em seguida, discorre sobre história, Idade Média, mitologia etc.

O texto começa com uma estória e um retrato do Fausto. Ora, aprendemos sempre que a legenda de São Cipriano tem a ver com a do Fausto, de que é um antecedente. Neste caso, o processo se inverte. É a estória de um Fausto alquimista e moralista, que se faz o antecedente e epígrafe do *Livro de São Cipriano*, comprovando a forte ligação. É como se fosse um "trancoso", uma estória de moral e exemplo, a abonar as práticas contidas no livro e, ao mesmo tempo, uma advertência aos perigos de usá-lo. A estória conta que Fausto, alquimista famoso, teve por muitos anos um criado que desejava tornar-se um dia feiticeiro. Recomendou sobretudo que não tentasse precipitar as coisas, nem buscasse aprender uma lição sem ter de cor a anterior e, finalmente, não bulisse nos manuscritos que ele Fausto tinha no seu laboratório. Há toda uma estória que fala da desobediência do aprendiz e que resulta no aparecimento de diabinhos que surram o curioso e afoito.

O que se Narra

Na introdução remete à Bíblia, ao Êxodo, depois entra no Nascimento, Vida e Morte de São Cipriano, cognominado o feiticeiro; apresenta-se tudo, conforme o modo de a tradição popular enunciar a paixão de Cristo. Conta muitas estórias, repetindo o repertório corrente em outros textos, como a de Cipriano e Clotilde, contando invocações a Satanás a quem Cipriano vinha servindo há muitos anos. Aqui é Clotilde que leva Cipriano a Jesus Cristo. Há o exercício de imaginação e fantasia. Os episódios são os mais criativos, sendo que a conversão é o tema central. Introduz-se depois a *Conversão* de Cipriano e se narra o caso de Justina, no episódio que confere exatamente com a versão corrente da *Legenda Dourada*.

É um forte elemento de atração para os públicos populares a famosa disputa entre Cipriano e São Gregório, presente em algumas edições do São Cipriano, e que responde às expectativas, principalmente de interioranos e nordestinos. A fala como ocupação de rivais leva à criação em forma dialogada[23], e que numa das edições brasileiras da Espiritualista recebe o título tão próximo das disputas e pelejas de cordel: "O célebre encontro de São Cipriano e São Gregório".

Diante da provocação de Cipriano a Gregório, um se aproxima do outro e diz:

– Quando deixará esta vida de pecados, homem sem fé?
– Vida de pecado! – exclamou o feiticeiro numa gargalhada.
– Sim vida de pecado – respondeu Gregório – e tu andas iludido de tal maneira com as artes diabólicas que não queres abandonar o caminho do erro.
– Quem é o deus dos cristãos? – redargüiu Cipriano desdenhosamente.
– Nós os cristãos adoramos um Deus todo-poderoso, enquanto tu adoras o demônio, o anjo do céu.

Cipriano retorquiu furioso:
– Veremos se o teu Deus é tão poderoso como o dizes, ele haverá de defender-te das minhas habilidades. Neste caso, acreditarei nele, mas do contrário serás castigado por mim.

---

23. Desenvolvi o assunto em "A Fala como Ocupação de Rivais", *Almanaque* nº 13, pp. 58-61, São Paulo, 1981.

Numa dramatização ao gosto dos públicos populares, prossegue a disputa que implica em conversão ou castigo, e sobretudo em representação e oralidade.

Começa uma outra parte com instruções a todos os religiosos, avisos de cuidados quanto a diagnósticos, doenças, fantasmas, sua definição e estratégias para enfrentá-los, seguindo-se exorcismos para expulsar os diabos do corpo. "Os Bruxedos de São Cipriano" e um texto de alguém que pretende teorizar. "A História Medieval de Curas Milagrosas", supostamente encontrada no manuscrito de São Cipriano, é também uma seqüência destacada. Mas, de repente, encontramos algo que não estava previsto e que só nos espanta: É a "História da Imperatriz Porcina", que não é muito corrente nos livros de São Cipriano.

Conta-se no livro de Molina esta estória, numa versão arcaica em prosa, que tem muita graça. As peripécias de Porcina formam um dos nossos *Cinco Livros do Povo* que Câmara Cascudo[24] estudou e apresentou tão bem, mostrando sua presença marcante na tradição popular portuguesa e brasileira. Em Portugal, a Imperatriz Porcina foi cantada por Baltazar Dias, um poeta cego, natural da Madeira e considerado por Teófilo Braga como o escritor "clássico" do povo português. Ele deve ter conhecido versões provenientes da França que tratam desta mulher casta e inocente, aviltada e caluniada por seu cunhado, dos seus sofrimentos e depois salva por intercessão da Virgem Maria.

Sabemos que se trata da célebre legenda de Crescência[25], que ocupou a imaginação da Idade Média européia. O conto situa-se, ao que parece, entre 1135 e 1150 e a fábula contém o motivo da mulher acusada injustamente por um pretendente rechaçado, seguindo-se a confissão dos seus perseguidores e o reconhecimento de sua pureza. Existe na Alemanha um livro popular, o de Crescência, datado do século XVI, dos primeiros anos da imprensa. Fala-se da existência de versões paralelas orientais, havendo também uma versão árabe intercalada em *As Mil e uma Noites*[26].

---

24. Ver *Cinco Livros do Povo*, de Câmara Cascudo, Rio, José Olympio, 1953, onde importantes textos são transcritos e a discussão do tema é desenvolvida.

25. Ver "Crescência" em *Diccionario de Argumentos* por Elizabeth Frenzel, Madrid, Ed. Gredos, 1976, pp. 106-108.

26. Em *Historia de la Eternidad*, Buenos Aires, Emecé, 1971, comenta Jorge Luis Borges o processo de acrescentamento e de interpolações aos textos das *Mil e uma Noites*, também uma criação múltipla, em que se dão operações de mistificar, recriar, inserindo-se e alterando episódios etc.; para ele, edições consideradas menos sérias têm mais interesse do que as mais eruditas, equivocadas quanto ao espírito do texto.

Percebe-se que a estória continua sendo contada e, de repente, aparece inteirinha dentro de um dos livros atuais de São Cipriano, sem que houvesse para isso uma razão clara, à primeira vista. Mas é como se fosse formado um grande depósito de imaginário, e essas estórias decantadas vão sendo retiradas daqui e dali, quando os encaixes narrativos permitem ou a conexão temática o solicita. É isso que a indústria editorial reforça, em vez de destruir. Ela retira, imprime, mistura, processa e termina por devolver à oralidade aquilo que dela foi apreendido. Esta estória faz parte do conjunto complexo da legenda mariânica, encontrando difusão em muitas variantes que falam dos Milagres da Virgem em prosa e verso. Aqui a Salvadora é Maria que mostra à Imperatriz a erva milagrosa. Em Cascudo[27], que nos oferece um ótimo conjunto de textos, aparece uma versão que permanece viva em nosso romanceiro popular:

> Minha Porcina, não temas
> Que nenhum mal te viria
> Eu sou a Madre de Deus
> A quem serves cada dia
> Que venho te socorrer
> Em tão extrema agonia.

Muitas razões fizeram com que tudo isto se misturasse, algumas afinidades de repertório e de crença foram dirigindo os relatos em que se juntam a *Imperatriz Porcina, o São Cipriano, o Fausto*, e alguns pontos nos facilitam a amarração deste novelo. A tentação, os prodígios e misericórdia da mãe de Deus[28], o conhecimento de ervas mágicas, ungüentos e bálsamos salvadores. Na própria seqüência deste *Livro de São Cipriano* o autor aproxima a "História da Imperatriz Porcina" das *Cantigas de Santa Maria* de Afonso, o Sábio, como se sabe, uma forte matriz para outros textos populares que pertencem a este universo. Um texto como o de Molina, em sua edição portuguesa e brasileira, resgata esse filão. Muitas das coisas para aí trazidas pertencem àquele "metaconhecimento", tratam daquilo que o público leitor está entendendo, outras estão para assegurar o antigo repertório, uma per-

---

27. Câmara Cascudo transcreve em *Cinco Livros do Povo*, ed. cit., a estória de Porcina do *Romanceiro Geral Português*, III, 65, de Teófilo Braga. Aí está presente o mito mariânico e Nossa Senhora, como a própria Compadecida acode ao apelo da imperatriz injustiçada.

28. O mitema da Virgem Maria foi estudado por Jung e Kerényi em "Introdução à Essência da Mitologia", conforme nos diz E. Mieletinski em *A Poética do Mito*, Rio, Forense, 1987.

manência que vem de muito longe e se destina a prosseguir. No texto em questão, o autor não terá utilizado a versão de Baltazar Dias, em verso, mas deve ter retirado de algum antigo *Livro de São Cipriano* a sua, que é em prosa, e à moda de uma moraleja, falando-nos dela nos seguintes termos:

> Apresentamos aqui uma versão puramente medieval. Qualquer filólogo ou lingüista reconhecerá que a sintaxe e o vocabulário são medievais; e se quiser investigar mais profundamente o caso, verá que a versão tal como a damos aqui não é encontrada em nenhum livro antigo. Noutras palavras, o tema é antiqüíssimo porém a redação que apresentamos não é.

Passa o autor então a discutir e estabelecer critérios, como se o público visado fosse de lingüistas e filólogos, como se ele preparasse uma edição crítica. O fato é que o compilou de algum texto antigo: "Senhora, não é desta guisa que homem se confessa – mandai-me antes buscar um ermitão, então disse a dona espantosa".

Começam os presságios antigos. Os sonhos e aparições noturnas e depois oniromancia, brizomancia ou a arte de interpretar sonhos, segundo os manuscritos de São Cipriano. Textos "científicos" com referências à Bíblia e a Freud, com a interpretação de sistemas simbólicos.

Desfilam aos nossos olhos aparições, tesouros enterrados e avisos. No meio de uma interpretação de sonhos passa a discorrer sobre vampiros, depois lobisomens e até casos de pseudolobisomens.

Sem aparente conexão, vem a "Profecia de Santa Odila", no século XVIII, chegando-se à "Taboa de Esmeraldas" e à Biblioteca de Alexandre da Macedônia (possível referência à Biblioteca de Alexandria). E quando menos se espera, vêm as receitas práticas: magia para casar com um rapaz rico; para fechar uma casa a Satanás e para manter o vigor viril, magia das conchinhas e dos feijões, do vapor de água, do pé de sapato.

Há como nas revistas da moderna indústria cultural, as seções do "faça você mesmo". Aqui vêm receitas de como fazer a cruz de São Bartolomeu e de São Cipriano e uma série de fórmulas, inclusive, a de fazer pacto com o demônio, o máximo de praticidade a que se pode chegar.

Um autor como Molina vai jogando com o repertório e alcançando mais fundo que os outros. É um escritor, a serviço deste tipo de trabalho. Seu texto vai ser uma espécie de almanaque do saber popular, aquele residual, resgatável sempre que possível, lançando mão do texto corrente que esteja mais perto, e quando conveniente.

Imediatamente depois da "História da Imperatriz Porcina", sem intervalos, aparece "A Sina das Criatura Humanas". Há a parte astrológica e o zodíaco, ocupando-se muitas páginas com gráficos e representações, copiando-se e recriando tratados de astrologia.

Segue-se "Os Bons e Maus Gênios", onde se analisam pessoas de acordo com sua data de nascimento. Ainda um quadro explicativo das influências dos 72 gênios, vindo então os cálculos anuais, ou seja, as previsões, a partir dos horóscopos e seus presságios mais tradicionais. Depois a "Correspondência Mística do Setenário", segundo a astrologia cabalística.

Na parte "Quiromancia" analisam-se dedos, unhas, montes da vida e sua localização, com as características de um tratado. Vem em seguida aquilo que se chama "Moderno Tratado de Cartomancias" e o sistema de deitar cartas, segundo magos e feiticeiros na época de São Cipriano, espécie de álibi para não descartar o santo. Tem-se então uma mistificação muito cômica, com os recursos que o autor desenvolve em sua "retórica", para apresentar o "Método Secular" de deitar cartas usado por São Cipriano:

> Na paupérrima choça que abrigava São Cipriano, sua última morada antes da condenação, e num falso compartimento que lhe servia de dormitório, foi achado um novo manuscrito com esta nova arte de deitar cartas, a que devemos o nome de *cartomancia cruzada* e de que parece, o Santo a fazer uso depois de ter-se indisposto com Satanás.

Quanto à mistificação, ocorre o seguinte: por que será que deveremos ler ao pé da letra a credulidade popular? Por que nos indignamos às vezes contra a mistificação de um texto como este, quando a leitura que se esteja fazendo pode passar por muitas medicações e vieses? Por que devemos pensar que as pessoas crêem em tudo o que lêem e não apenas recebem como dose de fantasia possível, muito urgente para colorir a vida atribulada?

Depois de mergulhar nisso, chego à conclusão de que parece haver limites entre credulidade e aceitação, graus diferentes, conexões várias, a depender do momento e da vontade de crer ou de brincar de crer. E novamente a mistificação é gradativamente levada às últimas conseqüências:

> Bastantes anos depois da morte de São Cipriano foi este manuscrito descoberto e levado a Roma, onde foi condenado a ser queimado, depois de se ter feito a experiência de sua verdadeira autoridade em matéria de adivinhação. Foi tal a importância que lhe descobriram que receosos o quiseram inutilizar pelo fogo. Não tinha felizmente de ser assim talvez devido à vontade do santo, cuja alma já tinha voado para junto do senhor. O fâmulo encarregado de inutilizar o manuscrito, substituiu-o por outro, que lançou no fogo à vista dos circunstantes, guar-

dando porém o verdadeiro. Mais tarde apareceu o Manuscrito na Biblioteca de Roma ignorando-se lá quem o deixou [observo que é este um dado presente em vários textos]. Supôs-se que o seu guardador ou parente ali o foram depositar... devido à amabilidade de um amigo, que visitou ultimamente a cidade Santa e que a curiosidade levou à Biblioteca, onde existe o precioso manuscrito que ele copiou e pudemos, neste secular livro de São Crispiano dá-lo a conhecer ao leitor.

Estes dados contam muito, a relação do escondido com a Inquisição, a repressão da Igreja ou do poder oficial. Provocam como que uma identificação imediata pela parte do público que se afina com aquilo que é perseguido ou proibido, e entre termos de umbanda, tranca-ruas, demônios e promessas, se constrói um dos principais livros de São Cipriano no Brasil.

O seu "autor" assina inúmeros outros títulos, que vêm anunciados em cadeia, oferecendo, em caudal, o seu ofício a serviço das crenças populares.

Prelúdio-Luzeiro e o Fim do Mundo

A Editora Prelúdio, editora popular situada no Brás, e responsável até certa altura (1953) pela produção de folhetos de cordel em São Paulo, tem um original e muito bem ilustrado *Livro de São Cipriano*. Depois, ela se transformaria na Editora Luzeiro, com as mesmas características, e passaria a editar um *Livro de São Cipriano*, escrito pelo mesmo autor, porém com outras características gráficas.

Este texto é original porque ele recebe, de fato, o tratamento que lhe deu um escritor, e que imprime, de modo bem forte, a sua marca sobre a tradição do "composto" São Cipriano. Assim é que duas notas são as principais: o tom apocalíptico e a prática moralizante, espécie de consciência culpada permanente, que trata de assegurar uma certa desculpa para uma investida em terreno tão perigoso. Nesta tradição, consta da capa o anúncio do capítulo "O Fim do Mundo".

Quanto à Luzeiro, continuaria a editar o mesmo texto, com outras ilustrações e capa, mantendo o mesmo formato.

Constam dele orações e rezas, inclusive a da cabra preta milagrosa, fantasma, espíritos maus, quebrantos, agonias. A salvação do pecador, meninos pagãos, fórmulas e receitas para evitar maus fluidos, para acalmar maridos zangados, para cura do vício da embriaguez, oração para fechar o corpo, contra o raio, e ainda as cruzes de São Bartolomeu e São Cipriano.

Na segunda parte vem, além de esconjuros, a receita para se viver feliz; alquimia ou a arte de fazer ouro; e uma receita para se tornar invisível. Também trata de superstições, quiromancia, cartomancia, como na maioria desses textos. Conduz-se sempre à edificação:

> Notai bem estas palavras e consagrai-as ao vosso coração; é a única forma de que dispomos para ajudar a nossos irmãos mortos e que necessitam da nossa ajuda, traduzida numa oração ou numa missa.

Na parte "Alquimia" dá-se como certa a arte de fazer ouro, que tem em sua disposição o modelo bíblico. Há uma série de epígrafes atribuídas a São Cipriano, nestes termos:

> *O homem irá em decadência até se reduzir ao nada. Assim é que acabará no mundo o gênero humano, no dia 30 de maio de 2268.*

Progride uma curiosa teoria das idades e uma epígrafe atribuída a São Cipriano:

> *Maior desenvolvimento menor é a vida.*

Segue um tom profético e apocalíptico. Chega-se a dizer que São Cipriano predisse acertadamente que no ano de 2268 o mais velho indivíduo terá dez anos; transcreve-se aquilo que o santo sábio teria afirmado em seus manuscritos a respeito: "No mesmo ano, o nosso planeta deve encontrar-se com a estrela M. da Constelação de Hércules mas somente hão de se chocar massas gaseiformes e não outras quaisquer". Finalmente a notícia de quem foi São Cipriano. Está aí presente o mesmo propósito benéfico e o aviso constante contra os perigos das forças do mal.

Diz-se que São Cipriano para poder estar mais ligado aos demônios estudou magia e chegou a associar-se à velha bruxa Évora, conhecida como a mais poderosa cartomante e intérprete [sic] de sonhos. Quando a bruxa morreu, deixou-lhe todos os seus segredos e descobertas, cuidadosamente compilados em seus manuscritos, material que seria de grande utilidade para Cipriano.

Fala-se dele como o famoso feiticeiro que passava as noites estudando, é mostrado como alquimista, e a descrição remete diretamente à figura do Fausto.

> Imediatamente Cipriano foi se tornando o mais famoso feiticeiro, e cada vez mais ávido por conhecimentos, passava os dias e as noites debruçado sobre os manuscritos, estudando alquimia, todas as suas novas descobertas eram anotadas nos mais diferentes lugares (mesas, cadeiras, paredes, etc.), isso para não correr o risco de esquecê-los e também para que se tornasse mais fácil qualquer consulta.

O editor, pela força deste seu autor, diz publicar a obra por sabê-la útil, para que as pessoas possam se resguardar do mal e assim fecha o pequeno livro levando às últimas conseqüências o tom de ensinamento:

> Norteie sua vida por um único mandamento, não fazendo nenhum mal aos outros. E o resto, amigo leitor, é conversa... conversa... conversa...

Pelo Umbandismo "Esclarecido"

O caso da Editora Pallas é muito curioso. Encontrei um tratamento diferenciado dado por esta editora ao *Livro de São Cipriano*, o que me levou a Bonsucesso, no Rio, para visitá-la. O ambiente é muito agradável e a jovem editora, formada em história, tendo herdado de seu pai o título *São Cipriano*, resolveu modernizá-lo, inclusive quanto ao formato do livro e à apresentação. Os prefácios dos três títulos que edita agora são importantes pistas para avaliar o processo. Há aí a noção de equipe de pesquisa e a instalação de um discurso que é um "arremedo" do universitário.

São Cipriano, Antigo e Verdadeiro Livro de Sonhos, Cartomancia e Receitas é um São Cipriano de bolso, que tem tudo a ver com a coleção "Primeiros Passos" da Brasiliense, e apesar de repetir os clichês dos livros de outras editoras, constrói uma linguagem bem diferente.

> Tendo em vista o exame do antigo manuscrito [sempre a isca] que nos chegou às mãos, quando do contacto que mantivemos com determinada pessoa, cujo anonimato nos foi exigido [...].

Há como que um escrúpulo de estar lidando com este tipo de texto, que procura trazer as razões de uma autenticidade indiscutível, no que diz respeito à seleção feita para publicar. A linguagem faz-se acessível, para facilidade de entendimento, "resgatando o bem e descartando a maldade, que deverá perder-se na noite do tempo".

Sempre às voltas com Oxalá e outros deuses do panteão afro-baiano, o autor (ou autores) do texto diz-nos que esta é a "nossa Kabala; uma coletânea de dados valiosos sobre aquele que reputamos o mais Kabalístico de todas as eras". A apresentação gráfica do livro é incrível, como se pode ver. Conta-se aí a vida de São Cipriano, Eusébio e Justina até o seu martírio e degola, por profissão à fé de Cristo.

São Cipriano serve a Satanás e se indispõe com ele, mas o que aqui prevalece é a arte correta de deitar cartas. O achado deste manuscrito deu-se "anos após em uma biblioteca romana, o autêntico manuscrito sobre o valor da cartomancia foi achado e traduzido, revelando-se a sua autenticidade pelo termo condensatório que constava no mesmo".

Há a relação inevitável com o mundo fantástico dos sonhos. Vai-se então diretamente ao *Livro dos Sonhos*[29] e a um glossário para sua interpretação. Profecias, cartas, sonhos, são chaves para o sucesso popular. Seguem-se mágicas e receitas mágicas.

O Tradicional Livro Negro

Em capa dura, traz ficha catalográfica, *copyright* e anuncia a pesquisa, seleção e compilação do Departamento Editorial. Tenta-se a adaptação da matéria para uma linguagem semi-acadêmica e explicativa. Começa com "Quem foi São Cipriano", a partir do lendário tradicional. Dá-se um título como "Estudos e Experiências de São Cipriano".

Alquimista como foi dito antes, tinha tudo o que fosse agradável e triste como seja, sapos, gatos, esqueletos, cadáveres, frutas, folhas e flores; tinha alguns aparelhos de caldeiras, fogões e destiladores, todos industrializados e inventados por ele. Cipriano tomava apontamentos de tudo para não se esquecer da descoberta que seu gênio fecundamente gerava, e de tudo também tomava notas nas paredes e nas mesas, de modo que o seu gabinete estava cheio de rabiscos incompreensíveis.

Aqui parece que o autor do texto aproveita para estabelecer critérios, dizendo que se decidiu pela maior fidelidade,

e só Deus sabe quanto se é infiel quando se promete fidelidade, aos textos memoráveis, infelizmente poucos, dos velhos manuscritos e aos textos de vidas dos santos donde se retiraram as estórias daquelas vidas.
Em seguida aproveitou-se os que por tradição se repetiam em suas vidas [?] e variadas publicações, ainda que apócrifos, desde que não violentassem as leis do tempo e do espaço... depois escoimou-se [sic] todas as passagens que pareciam inserções dos editores para encher lingüiças [sic] e aumentar o número de páginas de suas obras. Procurou-se, por outro lado, abandonar as matérias que possivelmente teriam tido origem em almanaques publicados no começo do século, pois era então moda fazer-se assim engrossar os livros. Algumas até pitorescas mas que não tinham nada a ver com São Cipriano.

29. *Livros de Sonhos* foram e continuam a ser dos mais procurados e bem-sucedidos produtos destas editoras populares. Ocorre com eles uma gradação, diante dos vários subpúblicos que atingem, compreendendo desde o folheto mais rudimentar que apenas faz entrever as possibilidades para o jogo do bicho, até aqueles mais sofisticados onde sonhos e interpretações se unem a glossários que lembram a organização dos bestiários medievais. São muito grandes as tiragens dos vários títulos, em edições que formam um conjunto, que implica grandes vendas. Muitas editoras populares exploram o tema, misturando o apelo erótico e colocando títulos convidativos como: "Os Mistérios dos Sonhos".

o livro negro de Cipriano

É então que os autores e editores falam de um desafio e de missão cultural:

> Propomo-nos pois, a esta publicação continuar as pesquisas nas edições francesas, inglesas e italianas [???] a fim de que o tradicional *Livro Negro de São Cipriano*, popularmente conhecido por Capa Preta, seja cada vez menos o escuro ou obscuro, *com muitas luzes*.

Anunciam um título ainda no prelo. Trata-se da *Cartomancia de São Cipriano* - uma escola de adivinhações. É de espantar a fertilidade inesgotável deste baú do Santo de Antioquia, como o caldeirão da abundância, da saga arturiana.

Continua o livro a enumerar os prodígios de Cipriano, dizendo que ele, depois de constatar que os seus trabalhos tinham sido muito profícuos, continuou com mais afinco as suas experiências a ponto de hoje, depois de mil anos, nos utilizarmos de seus elixires para obter a realização de nossos mais secretos desejos.

Passa para orações e mágicas como os outros. E esta adaptação de linguagem, que até aqui tinha sido prodigiosa, não se dá em certos textos do livro, diretamente apropriados de originais portugueses sem adaptações, como é o caso da *esponja maravilhosa*. Também o texto de orações de São Cipriano, como aquela que se lê ao enfermo. Segue por segredos do magnetismo, tratados de hipnotismo, tratados de fisiognomia ou a arte de conhecer o gênio, tendências e defeitos pelas feições do rosto, quiromancia, linhas da mão e da fortuna. Estreita-se a relação com a astrologia, a oniromancia etc.

No fim vem uma explicação, num tom pretensamente acadêmico, e num afetamento de seriedade: "Cumpre advertir aos leitores"; "assim uma tarefa que nos parecia enfadonha" ou passa-se a dizer:

> A matéria de que versam as obras é de domínio público e quer parecer-nos vãs [sic] e ridículas as controvérsias que persistem, ainda hoje, entre as congêneres quanto à originalidade dos textos (...) e que se depreende logo é que a maioria das edições encontradiças se reporta, consciente ou não, às edições portuguesas, conservando ainda não raro, aquele linguajar lusitano tão saboroso... A nós deparou-se-nos logo uma velha edição do Porto, 1848 e logo outra de 1865. Mas foi sobre a de Lisboa, 1915, que mais nos calcamos.
>
> Na verdade, em comparando as publicações hodiernas, percebemos serem todas bebidas de um só manancial. Ocorre que quem conta um ponto, aumenta um ponto, e para cada edição descobre-se o dedo do compilador, seus preconceitos e ideologias [sic]. Assim, para se produzir uma edição mais fiel à verdade, ou ao que se supõe que o seja, nos moldes da tradição das capas-pretas, primeiro urgia estabelecer os critérios...

O Livro Encarnado de São Cipriano

Este outro título traz a coordenação de Maria Helena Farelli e está numa coleção que se chama "Para Além da Imaginação" onde recebe o n. 7.

É de uma didática muito mais popular e joga com os adjetivos "secreto" e "poderoso", "contendo a fabulosa cruz de São Cipriano, em estampa brinde, para protegê-lo de todo o mal e de toda a bruxaria".

Há aqui vários elementos que não aparecem nos outros textos, ele é certamente dos mais criativos e adaptadores que se podem encontrar no repertório de São Cipriano.

Surge todo um projeto de escritura romanesca, sendo que nem tudo é tanto para fazer crer como é para fazer ler e escutar:

"Cipriano, chamado 'feiticeiro', nasceu na Fenícia. No dia de seu nascimento, um Anjo Negro apareceu no alto do monte da Síria, predizendo algo de assombroso". O texto é muito curioso, também visualmente, porque cheio de ênfases em negrito ou caixa alta. "Foi quando aprendeu a riscar o CÍRCULO MÁGICO DAS INVOCAÇÕES (...) e para isto valeu-se das suas ARTI-MANHAS DIABÓLICAS. (...) Lá do alto do monte, o Anjo Negro ria, gargalhava, prevendo o que aconteceria..."

Depois de narrar o martírio daquele que se tornaria santo, assim coloca esta apologia:

> E desde aquele ano o povo de todo mundo ocidental crê em Cipriano, pelo seu poder de magia e bondade, pela sua fé, símbolo da indiferença construtiva dos grandes mártires. Rei na Magia Negra, sábio conhecedor dos poderes dos ídolos antigos, São Cipriano, ao converter-se, obteve o perdão de suas falhas e hoje é invocado por muitos e adorado por milhares de outros. Mas sua vida, símbolo do bem e do mal que há em cada um de nós, ficou na história, nas lendas dos homens.

Vem logo em seguida a "Oração das Horas Abertas" que, aqui em negrito e com destaque, ofereceu um texto muito bem construído.

Aproveita-se então para dizer: "Não ensine esta reza. Ela é pessoal. Assim como não empreste este livro: ele fica impregnado de suas vibrações".

ORAÇÃO DAS HORAS ABERTAS[30]

Ó Virgem dos céus sagrados,
Mãe do Nosso Redentor,

---

30. As orações das horas abertas destinam-se aos momentos sem defesa,

> Que entre as mulheres tens a palma,
> Traze alegria à minha alma,
> Que geme cheia de dor.
> E vem depor nos meus lábios
> Palavras de puro amor,
> Em nome do Deus dos Mundos
> E também do Filho Amado,
> Onde existe o sumo bem.
> Sê para sempre louvada
> Nesta hora bendita – AMÉM.

Depois de uma seqüência de orações como esta para todas as horas abertas, e que devem ser ditas e decoradas pelas pessoas, vem em seguida uma relação dos tesouros escondidos pelos grandes bruxos: "Ceilão, Arequipa, Peru, no Castelo Branco dos Celtas, na França" etc., seguindo-se uma relação de tesouros portugueses, do Porto do Sol dos Incas, do Eldorado, na Amazônia etc.

O texto deste livro é de fato excepcional. Consegue levar o nosso santo ao Cairo, onde o faz encontrar uma grande quantidade de médiuns, magos, adivinhos, astrólogos, feiticeiros e quiromantes...

> Apesar de Cipriano ter antipatizado com uns, verdadeiros charlatães, com outros ele trabalhou e aprendeu grandes prodígios (...) o feiticeiro que fez esta reza [que se transcreve] tornou-se amigo de Cipriano e ditava sempre suas invocações a esse santo homem. Ao caminharem juntos pelas ruas do Cairo, ouvindo o som dos fantasmas, andando nas pedras antigas, mago Eulim disse também: – Cipriano, a força da arruda é grande e a guiné atrai as forças benéficas.

Na parte que trata da feiticeira de Évora, a mais poderosa das bruxas, vem uma estória de reis mouros, castelos e riquezas fabulosas. Montemor aqui aparece como Montemur, "região de flores douradas (...), um castelo que era morada dos anjos, talvez, tal a sorte de bonança que de lá se adivinhava".

Evidentemente o texto, apropriado de fonte portuguesa, desenvolve um trabalho de linguagem em que há uma representação visual muito intensa.

> Num dos cantos dessa casa mal assombrada, a figura de um ser muito estranho – meio monstro meio homem, como um cavalo-homem feito em pedra. O que representaria? Um centauro? Uma estátua de mulher-serpente repousava

tempo em que se acredita que as forças do mal estão livres. É a hora em que se diz que o diabo anda à solta. Há uma relação destas horas com as pragas rogadas, que se fazem cheias de riscos, quando os anjos dizem amém. Diz-se também que a morte prefere visitar os doentes nas horas abertas, especialmente nos dois crepúsculos. Ver Câmara Cascudo, *Anubis*, Rio, Ed. O Cruzeiro, 1951, p. 152.

noutro canto. Sereia negra? Mágica figura para bruxarias? (...) O chão era todo
ladrilhado de negro e um frio envolvia todo o ambiente. Um letreiro pintado ao
chão continha uma inscrição fatídica.

Este texto nos remete diretamente ao das estórias de encantamento, dos romances de cavalaria ou dos folhetos nordestinos de estórias de princesas a desencantar. Extraordinário é o processo adaptativo que envolve esta narrativa, desde que se colocam todas as misturas possíveis, de mitos, de tempos e espaços. Segredos em pergaminhos guardados no castelo de Malta, um sacerdote encontrando-os e traduzindo para o português, e ocultando-os numa arca, a sete chaves:

Mas Fausto, um homem infeliz, que desejava muito ser amado pelas mulheres e não conseguia seu intento, limpando a velha torre, cheia de teias de aranha e morcegos, achou os escritos antigos. Desde esse dia sua vida mudou. Tornou-se rico e famoso. Foi o primeiro privilegiado da sorte da bruxa de Évora. E muitos o seguiram.

E a adaptação vai mais longe, quando o autor conta que aquele monarca mouro, ao tentar escavar as paredes da casa da bruxa de Évora, para adquirir maiores riquezas, morreu picado por uma cobra venenosa.

Dizem as lendas que essa cobra encantada nada mais era do que a própria bruxa, encarnada em cobra, como o *Boitatá de nossos índios*, que nada mais é do que uma feia mulher que se modifica em cobra para comer os bichos pequenos e os seres humanos... Lendas? Superstição? Sabemos apenas como Shakespeare não creio em bruxas, mas que elas existem, lá isto existem.

Neste tempo visionário, nesta alucinada mistura de elementos está sempre inserido o Fausto. Ele é como uma presença tutelar, a eminência parda de todo este conjunto, e o seu repertório, o entrelaçamento de situações Cipriano-Fausto-Cipriano está mais explícito do que, à primeira vista, pode parecer. Temos de nos reportar ao conjunto faústico, ao livro popular de Spiess[31], aquela *História*, vendida nas feiras, traduzida e recriada em peças de bonecos, matriz permanente de toda uma série de narrativas.

Há também, a partir deste nosso conjunto, todo um canal

---

31. *A Historia D. Johan Fausten* (da qual saiu recentemente uma edição crítica, organizada por Stephan Füssel e Hans Joachim Kreutzer, Stuttgart, Reclam) se constitui em matriz de uma rede de textos fáusticos populares na Alemanha e na Inglaterra. Aí, neste texto de edificação protestante, o Fausto foi condenado à danação. Como é também de danação o de Thomas Marlowe.

aberto para o *Urfaust*[32] do próprio Goethe, para tudo o que consiste no miolo invariante deste universo.

Trata-se do encaminhamento para a realização do pacto, lida-se com um ideário de grande afinidade com aquele, de elementos narrativos bem demarcados, como a freqüente situação do fâmulo; a própria seqüência da transformação do Fausto, em busca do amor e do rejuvenescimento. No caso das estórias de Victor Siderol de uma edição portuguesa, a ser comentada, a relação se faz diretamente com o Fausto de Goethe, introduzindo seqüências que não estão nos livros populares alemães ou ingleses. Cansinos Assens tem portanto toda a razão em chamar a atenção para a importância dos trânsitos narrativos da legenda de São Cipriano para o Fausto de Goethe. Aqui estão, por sua vez, presentes como no enredo do poeta alemão, as seqüências da mãe, a perdição da jovem, o cofre de jóias como objeto detonador da perdição.

Uma Edição Matriz

Uma edição antiga brasileira, no exemplar que consegui, não contém indicação de título, editora, nem data. As ilustrações são em xilogravura e começa com um prefácio ao leitor que diz assim:

> Hurrah! Conseguimos depois de não pequenos sacrifícios trazer à luz dos povos os verdadeiros milagres da sciencia. Custou esta árdua tarefa o consentimento dos cardeaes em deixar-nos traduzir do hebraico os manuscritos do grande martyr S. Cypriano, que estão na Biblioteca do Vaticano.
> Cypriano! É bastante este nome para convencer-vos, leitores, de que não foi pouco o que fizemos para a luz do dia. S. Cypriano foi feiticeiro 30 anos e nesse lapso de tempo, pelos seus estudos e dedicação à magia, conseguiu verdadeiros prodígios. Só teve uma única pessoa a quem não pôde vencer; este foi Jesus Cristo por isso ele ficou despeitado e largou a magia para abraçar a religião e nella conseguiu, pella sua resignação e convicção, fazer muitos milagres e curas prodigiosas, tendo por este motivo por seu inimigo o demônio. Foi elle martyrizado e depois santificado. Évora! No tempo em que Cypriano foi cognominado o feiticeiro, esta (esta é a dimensão portuguesa do texto) poderosíssima bruxa o coadjuvou muito, pois para ella as cartas, a palma da mão, os astros e os sonhos eram como num livro o futuro das donzellas, dos grandes reis, de povos inteiros, salvando-as de desgraças eminentes. Évora foi uma mulher sobrenatural! Esta obra não só contém as mágicas de Cypriano o feiticeiro mas também os seus *mi-*

---

32. Goethe, no seu Fausto iluminado, conheceu de perto e lidou com estes materiais populares, preferindo porém a solução redentora dos mitos marianicos, o que coincide com a fórmula dos folhetos populares nordestinos que estudei. O Fausto aí se salva, pela intercessão da Virgem Maria.

lagres de que elle deixou apontamentos, e das suas receitas quando convertido que faziam verdadeiros prodígios pelas curas milagrosas.

Assina, o compilador. Este texto tem tudo a ver com as recriações da Editora Pallas e serviu de base para algumas delas.

O Cipriano do Asfalto – Editora Livreiro

Ao que parece, guardando as interferências e as habituais operações transformadoras, passando por um repertório de sugestivas ilustrações, o *Livro Vermelho e Negro de São Cipriano* da Livreiro, no Brás, é, como tudo indica, diretamente apropriado de um da Pallas.

Também aqui se transmite aquele sabor de uma narrativa, que revela uma grande capacidade de imaginação, e parece proceder do *Livro Encarnado* da Pallas, cujo texto esta editora aproveita para divulgar junto ao seu público em São Paulo. É um tom apocalíptico, uma relação presente com a cultura judaica e com a transmissão de discursos, que atingem diretamente os leitores populares.

Assim como um verdadeiro vidente, *Cipriano de Antioquia* vestido de verde, com sua longa barba branca via o futuro do homem. Sorria e chorava, ao mesmo tempo, via máquinas como monstros se movendo, fazendo cálculos, erigindo prédios, via tudo que há na terra mas via o homem triste. Era o homem do século XX, homem sofrido que trabalha e não conhece o poder da terra, o verde da plantação, a semeadura, o joio e o trigo. Homem máquina, se movendo em vídeos, em elétrons e átomos que se condicionam ao ambiente.

Fala em Adão, em noite estrelada e no *demônio da poluição*. Segue-se toda uma profecia messiânica em que as montanhas têm por dono Xangô. Notável é a inserção dos meios modernos, a teatralização, em que aparece São Cipriano, em suas previsões:

"Cipriano via o futuro como num filme. A seus olhos surgia a verdade do futuro da raça humana." Termina assim: "Cipriano na caverna dos antigos bebeu sangue, suor e chorou. Mas sua vida mudara; agora ele estava pronto para viver o bem".

Há também uma página incrível, apropriada dos escritos da Pallas; tudo me leva a identificar uma pessoa que conheci, que não se assume, mas que deve ser autor desses textos.

Falando de rezas e mandingas, assim nos diz:

Ano de 1800, Bahia. Cipriano vê sua bola de Cristal (...) O vento geme e ele fala do futuro. Cantam os marinheiros no cais, e nas cestas brilham os peixes ao sol, como se tivessem escamas de ouro. As igrejas cheias de jóias reluzem. Toda a Bahia é uma festa de vida. Mas há lá quem trate de morte. Cânticos nagôs vêm das rodas das iaôs (...).

Em seguida a menção ao feiticeiro Juriabá (fonte comum para o Jubiabá de Jorge Amado ou corruptela a partir daí?) que mora numa casa macabra. "Desde a entrada sente-se que lá há mironga, pois na estrada está a árvore dos feitiços."

Livros Portugueses

Os Engrimanços da Afrodite

O Grande Livro de São Cipriano ou Tesouros do Feiticeiro é um título português que não traz indicação de autoria. Dá-se aqui a origem do livro como provindo de França, assinado por um tal Mr. Zalotte, dizendo-se que daí é que se extrai a estória que se vai ler: Victor Siderol era um lavrador na aldeia de Court, desviada cinco léguas de Paris. Trata-se de um camponês, que chama o diabo para pactuar, vai para Paris e encontra no quarto da rua Santo Honorato (Saint-Honoré) um pequeno livro de *Engrimanços*, de que tinha ouvido falar muito na sua aldeia. Eram os *Engrimanços de São Cipriano*. Há todo um processo de colocar o livro no livro, extraindo-se a narrativa que segue, a partir daquela que se encontra: *é a do pacto*, em que se diz: "por isso talvez que eu faço a minha fortuna pactuando com Lucifer". Relatam-se os preparativos do camponês para chegar ao pacto, depois de ter estudado bem o livro. Há muita perfeição no encaminhamento do que se conta, a preparação e o clima para o ritual, em que se dará a aparição do demônio:

... pois o diabo tem muito de aterrador no metal da voz ... – Que queres tu de mim? É isto que o demônio costuma perguntar aos que o obrigam a aparecer. Siderol hesitou muito tempo antes de se resolver a pedir, porque tinha muitas cousas na imaginação que desejava possuir, e em tais circunstâncias, queria escolher um objeto que o fizesse venturoso; visto que é de regra que o Demônio só concede uma cousa de cada vez às criaturas que o chamam.

A expressão "no metal da voz" é muito rica, em se tratando de poesia popular. Consta que o diabo tem um timbre metálico em sua fala, assim como é muitas vezes apresentado com os dentes de ouro, sugestão contígua.
O livro encontrado por Siderol assim começa: "*Engrimanços de S. Cipriano ou os Prodígios do Diabo*, história verdadeira acontecida no Reino de Galiza". Parece que a Galiza é como a Escócia e a Bretanha, lugar de bruxas e mistérios, monstros, demônios.
 O camponês enriquece com um bilhete de loteria; apresenta-se no teatro e conquista uma jovem. A mãe, a perdição da jovem e o cofre de jóias remetem diretamente a situações do *Faus-*

to. E o notável é a própria construção da narrativa, o texto no texto, do seguinte modo. Conta que o camponês, o referido Victor Siderol, vendo-se exaurido e com pouco dinheiro, e tendo aprendido a prever o futuro nos *Engrimanços de São Cipriano*, resolveu escrever e publicar o "feiticeiro Gaulês" em Paris, no local onde hoje é a "rua de S. Jacques". Um astrólogo afiançou-lhe que venderia muitas cópias por quantias avultadas, se o recheasse de coisas diabólicas.

Dá-se aí esta receita popular corrente para o sucesso editorial, que é o que se faz com os livros de São Cipriano:

> Siderol, tratou de escrever *adivinhações do futuro*, predições, dias em que haviam de morrer alguns altos personagens da Igreja e o bispo resolveu mandá-lo prender por Feiticeiro e preparou-lhe umas grelhas para o fazer assar pelo amor de Deus.

Notável esta seqüência que remete diretamente aos suplícios da Inquisição.

O texto é nitidamente hispânico, com referências a Toledo, Pireneus etc. Na seqüência do *pacto*, Victor Siderol doa a alma dos filhos a Lúcifer, e o diabo lhe ordena que tire o ouro da grande cova, mas lhe diz que não consentiria a levada de todo esse ouro para um país estranho:

> Por quê? – interrogou Siderol. – Da Espanha o recebestes, na Espanha o gozareis. Há nessa região mulheres muito bonitas e virtuosas, capazes de dar lição de moralidade às francesas.

Neste caso, trata-se de uma atitude ibérica muito freqüente, a atribuição de culposidade pecaminosa à mulher francesa, fenômeno que persistiria por séculos. Siderol então escolhe uma bela espanhola, chamada Manuela, e lhe confessa que tem pacto com o demo, permanecendo com ela na Espanha. O desfecho é naturalmente o da conversão, através desta mulher honrada e pura, com quem se casa. Engana o diabo e sai finalmente vitorioso, como em todas aquelas estórias que formam o *ciclo do demônio logrado*. Dá conta dos tesouros de Espanha e oferece um diagrama em triângulo para desencantar tesouros.

Termina com os poderes ocultos do ódio e do amor, descobertos pelo mágico Jannes e praticados por São Cipriano. Seguem-se receitas de mágicas e feitiços, e a arte de adivinhar o futuro pelas palmas das mãos.

Sempre a Lello!

Aqui há o caso de duas edições semelhantes: a da Editora Lello, *O Grande Livro de São Cipriano ou o Tesouro do Feiticeiro* e um outro livro muito corrente editado pela Quaresma.

Os livros portugueses têm data, em geral, o que os distingue dos mexicanos e brasileiros; este foi editado em 1976. O que eu acho sugestivo é que o livro esteja sendo ainda publicado pela Lello, portanto para leitores portugueses de hoje. Trata-se de uma brochura com capa policroma, representando fogo de pira e as cartas de um baralho; tem um tom muito apologético e de conversão. Depois da estória vem uma reflexão moral que recebe o título de "Reflexões Doutrinais".

Cotejando-o com o da Quaresma, encontramos que os dois livros são praticamente iguais; só que o da Quaresma prossegue, introduzindo o universo brasileiro.

O Verdadeiro Grande Livro de São Cipriano ou o Tesouro do Feiticeiro, da Quaresma, acrescenta na quarta parte aquilo que se chama de "Mágica Preta", em que desfilam feitiços brasileiros. Feitiços executados pela preta Quitéria de Minas Gerais; pela preta Lucinha; a mandinga que faz a mãe Cazuza Cabinda e mais, feitiços executados pelas pretas do Brasil quando querem "ligar um branco". Constam as estórias de "Amâncio, Clavícula de Salomão", o pacto de Salomão, o combate entre Salomão e Lúcifer etc., como em tantos outros textos correntes.

Tive notícia da existência das seguintes edições portuguesas:

São Cipriano – *Tesouro da Mágica ou Livro que Ensina a Fazer toda a Quantidade de Mágica Preta e Branca* e a fazer toda feitiçaria tal qual a fazia São Cipriano enquanto feiticeiro, por Joaquim Simões (Porto, 1875 – de que existe um exemplar truncado no Museu Criminal do Instituto de Criminologia do Porto).

Depara-se, nos folhetos portugueses[33], com a seguinte propaganda: *O Verdadeiro e Último Livro de São Cipriano* com a súmula dos assuntos do livro; na contracapa da *História da Donzella Theodora*, São Paulo, C. Teixeira e Editores, 1916. Folheto português editado no Brasil.

O *Livro de São Cipriano* é ainda localizável na relação de obras daquela Coleção Econômica, publicada pela Livraria Barateira em Portugal (in contracapa dos Folhetos Vasco da Gama, Lisboa, Livraria Barateira, s/d, e Trovas para o Povo, José Alves, Lisboa, Livraria Barateira, s/d).

---

33. Material oferecido pela pesquisadora Neuma Fechine Borges.

O autor do verbete da *Enciclopédia Portuguesa e Brasileira* menciona o vol. II do *Livro de São Cipriano*, indicado entre a literatura de cordel, contendo práticas de sortilégio amoroso. Menciona São Cipriano, tão casamenteiro como São Gonçalo.

O Tesouro da Universal

O *Verdadeiro Livro de São Cypriano ou O Thesouro da Feiticeira* traz explícito, na folha de rosto, o seu alcance, dizendo tratar-se de uma edição muito aumentada, ensinando todas as formas de se conseguir o que se deseja, enumerando algumas de suas eficácias, como, por exemplo, apressar casamentos, obrigar a casar, fazer-se amar, ganhar no jogo etc.

Na introdução, fala-se de um preço relativamente ínfimo, dizendo que o livro compreende todas as instruções aos religiosos, as orações para o meio-dia, trindades e noite, a cruz de São Bartolomeu e de São Cipriano e ainda os seus Engrimanços.

"Livro que contém os poderes ocultos de fazer ódio ou amor, a arte de afastar os espíritos diabólicos..."

Os editores que assinam dizem que o bom método, a simplicidade da linguagem, tornam este livro acessível a toda classe de gente, e que o seu preço é recomendável a todas as bolsas. Assim é que agradecem também pelo bom acolhimento de suas edições anteriores, que julgo terem sido muitas.

No curso do livro, e em meio às receitas, que são tantas, e em que se diz que o azeite tem a virtude de curar qualquer ferida nova ou antiga, encadeia-se uma narrativa, aliás apropriada diretamente pelo livro da Eco, assinado por Possidônio Tavares.

> O azeite tem a virtude e o poder de fazer uma feitiçaria a uma outra pessoa, fazendo da maneira seguinte, tal qual fez São Cypriano na cidade de Cartagena a uma menina de nome Adelaide.
> Cipriano, feiticeiro, desejando possuir o amor de uma menina chamada Adelaide e foi pedi-la a seus pais; porém debalde, porque eles negaram-lha.
> Desesperado, com a resposta dos pais de Adelaide, se irou de tal maneira contra eles que mandou ao seu diabrete, que sempre trazia na algibeira, que destruísse, sem perda de tempo, as casas e todos os bens dos pais de Adelaide.

O que se passa aqui é extraordinário porque, na narrativa, o feiticeiro, apesar destes cometimentos, já é santo, e assim dialoga com a moça perseguida:

> – Tu não vês, Adelaide que te amo tanto que nada vejo senão o logar onde tu habitas?
> Respondeu Adelaide a Cypriano: – Se é verdade o que me dizes, faze de

conta que de hoje em diante sou tua escrava mas não a tua mulher; porque não sou digna de ser desposada por um santo.

– Porque razão, disse Cypriano – porque razão dizes tu que não és digna de ser minha esposa?

– Pois sendo tu um santo – respondeu Adelaide – canonisado por Deus, como posso eu ser tua mulher, se eu sou a maior pecadora do mundo como outra igual não julgo existir?

Cypriano voltou-se para Adelaide e disse-lhe:

– Menina, pois se tu tanto adoras a Deus e ainda assim dizes que és a maior pecadora do mundo, que Deus de vingança tu adoras?

Adelaide, ouvindo estas palavras, ficou como que pasmada e duvidando do que tinha ouvido, disse consigo: "Que Deus será o que adora este homem? Porventura haverá outro Deus sem ser o meu? Não é possível!"

Revestiu-se de curiosidade e disse a Cypriano:

– Homem, obrigo-te, de parte de Deus a quem adoro, que me digas que Deus estranho é esse que tu adoras e que te obriga a renegar o meu?

Respondeu Cypriano: "O Deus que adoro é Lúcifer, dos infernos!" (...) depois de cinco minutos já Cypriano se tinha gozado de Adelaide e estavam satisfeitos os seus desejos.

Não pode haver referência mais direta a Cipriano e Justina, assim como a Fausto e Margarida.

Aproveita então o autor para passar a sua lição de proveito e exemplo:

Depois de lêrdes, donzelas, o que aconteceu à pobre Adelaide, rogae ao senhor e à Maria Santíssima que vos livre das astucias de Satanaz, porque o demonio tantos enredos arma aos cristãos que eles não lhes podem fugir. E demais, amaveis leitores, porque não andaes vós sempre bem encomendados a Jesus e a Maria Santíssima?

Nesta narrativa se cumpre o papel de Cipriano, terrível conquistador de donzelas, para quem "donzellas é avianda mui comezinha", e está aí contido o contingente erótico dessas estórias, chegando ao explícito de expressões como "gozou della" etc. Amarra-se, em seguida, aquela estória muito famosa de Cipriano e Elvira, presente em outros livros, e em que se encaixa o também famoso encontro de Cipriano com Lúcifer.

Depois vem uma sucessão de receitas mágicas do sapo, talismãs com figas de azeviche, e eis que, de repente, se encadeia uma outra narrativa, a do anel maravilhoso, que também não se isenta de componente erótico, quando se conta "a história que Candaule, o decantado rei da Lydia, mostrou um dia a Giges, que era seu oficial favorito, sua mulher a rainha, completamente nua..." de onde se desenvolve todo um enredo de amor e crime.

Seguem-se os "Mistérios da Feitiçaria", extraídos de um manuscrito de mágica preta que se julga do tempo dos mouros. Aí aparece a força da linguagem da magia, quando se trata das estórias da feiticeira Lagarrona:

"Olentá in pus migalao negabus. Oleo lapolão, merrinhão, merrinhão! nhão! nhão!"

Esta parte da criptolinguagem, mencionada aqui discretamente, merece todo um estudo a se fazer. Porque no corpo destes textos comparece um conjunto em latim, o habitual latim que aqui se populariza e se torna macarrônico, através mesmo da cópia, cheia de erros, de uma fonte erudita. Os erros vão se sucedendo e formando um ininteligível latinório, que termina sendo uma forma especial de linguagem. No caso de Rabelais, é a questão deliberada do latim já transformado e popularizado, com fins de uma comunicação popular e do grotesco. Aparecem também palavras transcritas de um suposto hebraico, transformadas ou simplesmente reproduzidas a partir da Cabala. Isto é, no entanto, um assunto de grande complexidade, exigindo um estudo demorado do vocabulário da Cabala, para sua mínima decodificação.

Há, ainda, a criação sonora do que não se entende, com a mistura de palavras que soam como africanas, ou mesmo palavras cuja sonoridade repetida leva a um mundo mágico não decifrado e próprio destes livros.

O papel poético, a significação lingüística e social destes conjuntos, é uma parte a ser destacada, para ser desenvolvida em outra ocasião.

Livros Mexicanos

Estes livros representam um fenômeno editorial tão forte quanto o brasileiro e respondem pela mesma fragmentação por um lado e unidade de memória por outro, numa grande variedade de textos e de tipos de produtos. Há edições de tipo artesanal, com gravuras em xilo, com papel muito barato e também as que remetem a um tipo de coleção requintada, como se poderá ver. Os livros consultados não indicam autoria. Diferem no entanto pela maior ênfase a certos aspectos. São bem mais apelativos, com chamadas altas para vingança, pacto, sangue.

A Roca e os Pactos de Sangue

El Libro de San Cipriano y Santa Justina da Roca Editora começa por envolver o leitor nas malhas do engodo usando uma epígrafe do "santo" nos seguinte termos:

Declaro que este livro me mostrou a verdadeira sabedoria, conseguindo com seu estudo um domínio absoluto sobre o criado.
Palavras de São Cipriano.

Como é que pode ser? – perguntaria até o mais incauto leitor.

Adiante se diz que o livro foi feito a partir do exemplar que possuía o frade alemão Jonas Sulfurino de 1510. Note-se que este personagem só apareceu, até agora, nos livros mexicanos. Estão presentes, no entanto, situações e procedimentos das edições portuguesas e brasileiras, por exemplo, a composição da Varinha Mágica, chamada também férula fulminante, conforme aponta Leite de Vasconcellos a partir da tradição popular portuguesa. Segue uma espécie de decálogo, respondendo a esta pergunta: "Por que Deus permite que o demônio atormente as criaturas?" Estão aí algumas mágicas, inclusive aquela muito constante nos livros brasileiros – a Mágica das Favas.

Na apresentação se parece com um catecismo ou livreto de piedade da "Bibliothèque Bleue". Opera, no entanto, como um sermão na dramatização das linguagens, exacerbando os contrastes e dirigindo-se ao "Leitor Piedoso":

Tendo chegado felizmente ao término deste trabalho, considero um dever manifestar que procurei, no possível, cingir minha tradução ao sentido e letra do original alemão. Há, sem dúvida, algumas palavras cabalísticas que me são completamente desconhecidas, as quais tratei de interpretar, procurando a relação das mesmas com as anteriores e as posteriores [?]. Não terminarei esta explicação, sem expressar minha estranheza ao ver, numa obra escrita por espíritos infernais, que se possa tratar dos espíritos celestes com mostras de adoração e respeito.

Há toda uma farsa moralizante, que parece surtir os efeitos desejados, e que para isso lança mão de todos os recursos.

A farsa também alcança a iconografia. Basta ver o "Cipriano Magus" a partir da reprodução de estátua de Michelangelo. O conteúdo se desloca da narrativa sucinta da estória para a invocação e desfile de conjuros e orações, uma série de exorcismos, ligaduras e desligaduras, "modo especial de ligar un hombre", receitas para se conseguir isto ou aquilo e de repente, somos despertados por chamadas como: DESTRUIR, ARRUINAR, INCENDIAR, colocadas em destaque dentro de um texto retórico e apocalíptico. Há coisas verdadeiramente incríveis como a seqüência seguinte:

El dia de la ira y de la venganza ha llegado. Sobre el cuerpo vivo de (fulano de tal) en medio de la obscuridad de esta noche y en este lugar sembrado de cadáveres de hermanos mios que descansan a la sombra de la cruz, conjuro, llamo y ordeno mientras mi *corazón llora sangre* y mis ojos enjutos se extasian a la vista de la gran sombra!

E em outro trecho se encontra:

VENGANZA! Sobre el cuerpo muerto de (fulano de tal) se estiendan las alas negras de Satanás; sobre su cabeza y sus propriedades reinen los espiritus del mal. Sobre su familia las faltas recaerán.

A que distância estão estes textos da maioria dos Ciprianos brasileiros e portugueses, apesar de tantos elementos em comum!

Seguem-se orações relativas aos diversos dias da semana e logo a oração famosa de São Cipriano, aqui em catalão, levando a crer que esta tradição se dá também na Catalunha. Esta oração que existe também em arábico, etíope, francês, espanhol, português, tem nessa língua uma sonoridade muito especial, e ao que pude seguir, na comparação, a versão[34] segue exatamente o curso da etíope, como pude ver em versão francesa – curiosa e alastrada rede. No conjunto do livro, este texto tem a função de fazer estranhar, como o latinório da missa, como a criptolinguagem da magia. O interessante é que o leitor popular mexicano deve ficar mesmo impressionado com o texto catalão. Diz o editor que as orações que aparecem no idioma catalão estão, no original, em limusino (da região de Limoges), de cujo idioma traduziram-se e foram ensinadas às pessoas por peregrinos e cenobitas saídos das montanhas da Catalunha.

Tudo isso nos remete, por um lado, aos componentes traumáticos de uma sociedade como a mexicana em sua tradição de cultura e drama, por outro, a antiqüíssimos rituais, sempre prontos a eclodir junto aos cultos de religiões populares, e com o respaldo dos seus credos.

Neste caso dá-se todo um relevo ao seguinte:
O Grande Grimório - O Pacto de Sangue, em que se diz:

Ó sombras, frágeis mortais! Vós que pretendeis possuir a profunda ciência Mágica, tremei de vossa temeridade! Passareis um quarto de lua-cheia, sem vos acompanhar de mulheres nem de jovens, afim de que não vos vejais tentados a cair na impureza.

Na seqüência dos Pactos de Sangue, os editores se desculpam em nota e recomendam que se tenha cuidado dizendo que, só a

---

34. Ver *Les Apocryphes Éthiopiens*, trad. René Basset, Paris, 1896.

título de curiosidade, publica-se este pacto por ser o mesmo que celebrou Cipriano, o Mago, antes de conhecer o cristianismo.

A dramaticidade dialogada, que é muito bem recebida pela sensibilidade popular, aqui aparece e se sente, em verdade, mais uma vez a retomada textual das narrativas fáusticas.

> Quero que me dês riquezas, poder, sabedoria, conhecimento de ciência secreta, domínio absoluto das pessoas, dom de ser invisível, de andar sobre a água e tudo quanto se contém no pacto que se apresenta, feito segundo as regras da corte.

Vêm, na seqüência do pacto, os resultados confortadores e indispensáveis como equilíbrio: "herdarás muito, obstinando-te conseguirás, encontrarás uma pessoa bondosa" etc.

Se, por um lado, há aquilo que é massacre, mistificação, engano, por outro, tenta-se oferecer o bálsamo possível, a compensação que faz com que tudo isto permaneça com uma demanda permanente.

É o fragmentário que é uno, são partes de uma lógica que se faz inteira enquanto conjunto; não é a reinterpretação que faz progredir, é entre outras coisas aquilo que permite suportar as desrazões de um cotidiano apagado, duro, aflito. É a tensão que deixa transitar entre o mal e o bem, o descarte da culpa à espera de salvação, que faz reunir o sonho ao jogo do sonho, o sobrenatural e o dia-a-dia, o sentido oculto àquela energia maléfica não domada e à sua domação até o esmagamento.

Se assim não fosse, não se editaria tanto para leitores tão ávidos desta promessa, da narratividade e da dramaticidade que aí se constrói, da retórica que explora e que se realimenta da instabilidade da vida popular, e atravessando séculos se organiza na América Latina, transformando-se em consumo imprescindível, jogo que se constrói em torno desta legenda de massas, até aqui, indispensável.

Anaya - Ciências Ocultas - Duas Para um Texto

El Libro de San Cipriano: El Tesoro del Hechicero

Este "livro" mexicano tem duas embalagens para o mesmo texto; uma, muito artesanal e outra, apontando para brochuras de massas. A capa traz uma mulher eroticamente desnuda, entre diabos. Até o filme de impressão é o mesmo para as duas edições. No fim do segundo vem o *copyright*: o desenho de capa é creditado a World e a tradução do texto a Jaime Mace, também engodos.

O texto leva a que se acompanhe a perfeição dos artifícios para atrair o público, o desenvolvimento de personagem como o monge Jonas Sulfurino, organizando-se, desde o começo, todo um clima de mistério, à maneira do romance gótico, que busca evocar os mosteiros e espaços tenebrosos da Idade Média:

> Era uma noite de gelado inverno. O céu aparecia negríssimo, coberto de enormes nuvens que por momentos viam-se desgarradas pelo avermelhado dos relâmpagos. Silvava horrivelmente o vento entre os pinheiros da montanha. A chuva açoitava *os vidros góticos* das janelas do Mosteiro... Eu persistia em meu propósito de invocar o rei do Averno. O Furacão estalava contra o meu corpo e retorcia furiosamente meu hábito monacal.

Depois, em tom dramático vem o encontro com o diabo. Seguem-se as explicações sobre a origem deste livro.

> Tendo solicitado a Lúcifer o cumprimento da promessa que havia feito, me entregou um livro escrito em caracteres hebreus sobre pergaminho virgem. Este livro, escrito em hebreu, é o mesmo que possuía o grande Cipriano e que lhe foi concedido por mim, disse Lúcifer.

Comparece nestes livros um aparato misterioso, uma sucessão de objetos mágicos, de aparelhos para a operação mágica, com sua representação visual. O livro que se descreve é "banhado na grande laguna dos dragões vermelhos onde é impossível que algum elemento do universo seja destruído". A questão da indestrutibilidade dos objetos confere o mistério necessário. Quando se trata do *Livro* o processo tem ainda mais força, até como estratégia de propaganda. Há também uma curiosa menção à indestrutibilidade das suas folhas e o seu destino será parar, quer se queira ou não, no dormitório de quem o possui. Interessante é que alguns livros de São Cipriano recomendam que não se deve passá-los para o dormitório, o inelutável é conflituoso mas gera sempre curiosidade.

A Decifração Mágica dos Signos

A letra misteriosa, não decifrável para leigos, permite todo o ritual em que se identificam os indicados. Aqui se dá ao leitor a noção de participação iniciática; procura-se envolvê-lo no processo de decifração mágica do signo:

"Com grande admiração pude ler o escrito, com a mesma facilidade como se lesse um livro em meu idioma." Diz o autor ter voltado várias folhas e ter achado desenhados um dragão e uma cabra em atitude tranqüila, colocada esta sobre aquele. A cabra tinha trançados sobre os seus joelhos uns hieróglifos que diziam: ARTE.

É extraordinária esta aproximação e mais, o texto parece adquirir uma dinâmica interna só conseguida por alguém que maneje muito bem o ofício de escritor, a mestria de narrar e de construir linguagem:

> Tudo parecia estranho e ao mesmo tempo familiar, à medida que eu olhava; todavia me estava sendo reservada a maior das surpresas: o dragão e a cabra começaram a animar-se, a mover os olhos, a aumentar de tamanho e finalmente saindo do livro, se prostraram diante de mim dizendo com voz humana: – Sou seu servo; manda e serás obedecido.

Esta animação, esse trânsito de signos visuais, de símbolos transformados em personagens vivas saltando do texto, é conseguido com grande perfeição, e eu chego a ver nessa poética uma realização plena do fazer literário. Aqui não se pode falar de popular ou de não-popular, mas de um texto primoroso contido num livro de magia, recriado e transmitido.

Diz o autor que, com a intenção de estar precavido para as contingências do futuro, procurou tirar uma cópia do conteúdo do livro, cujo título na portada é: *Tratado Completo de Verdadeira Magia ou O Tesouro do Feiticeiro*. Dedica-o ao novo adepto das ciências desconhecidas (não fala de ocultas) e coloca embaixo a assinatura de Lúcifer, atendendo aos apelos desta mistificação que se dirige ao popular. Apesar de aí se advogarem as práticas de feitiçaria, a ordem é a conversão ao cristianismo, o sincretismo, o jogo entre as forças do bem e do mal, tendendo à vitória do chamado bem.

Há neste texto uma profusão de sinais, talismãs, amuletos, páginas inteiras que tratam de objetos em sua variedade, varas mágicas, varas de castigar demônios etc. São formulações que têm o requinte que nós já perdemos; por exemplo, o nome da varinha feita para castigar demônios é "vara boleante" ou "férula fulminante". Estes achados são os que a vida cotidiana desgasta e destrói, são os mistérios que desbaratamos. Desfilam aí páginas inteiras dando nome às coisas, varas mágicas, bastões, facas, descrição e imagem, toda esta parafernália descrita e mostrada, que vão envolvendo o leitor e se encarregando de introduzi-lo, como iniciado, naquele mundo. Assim, tem grande relevo a parte que trata dos vestidos mágicos; lembramos dos irmãos Grimm e de suas recolhas de contos de fadas. Tudo isto tem a ver com eles, as receitas de como preparar vestes inconsúteis, as fórmulas das tintas mágicas, os fios de ouro, de prata, as palavras gravadas, os caracteres. Há toda uma necessidade do visual, da representação gráfica e uma constante tradução de linguagens.

A composição da tinta com a qual se assinará o pacto merece aqui um tratamento em detalhes. Recomenda-se que os pactos não sejam escritos com tinta ordinária, e pede-se para mudar de tinta, cada vez que se faça um novo chamamento. A presença do signo de Salomão, o anel, as estrelas, as cores, as formas, os talismãs. Evocando a capacidade de entrever, de sonhar, de compreender que os mistérios são feitos de minúcias e que a vida aponta para a eternidade, se composta por rituais, na expressão de seus signos.

A Cura e o Jogo num "Composto" da Editorial Saturno

El Libro Infernal Tesoro de las Ciencias Ocultas é uma espécie de aglutinação dos vários textos que transitam agregados ou incluídos no corpo que se define com *Livro de São Cipriano*: a "Clavícula de Salomão", as invocações dos "Grimórios", os "Admiráveis Segredos do Grande Alberto", sempre presentes nos repertórios de *colportage*. O ideal seria que se pudesse acompanhar o conjunto de textos, o fluxo e a sucessão de cada um deles, mas isto seria muito difícil; seria uma rede infinita, em que tudo se transfere ou apropria. O fato é que, neste livro mexicano, passa-se da magia para o espiritismo, trazendo novos elementos, como a mesa falante, por exemplo.

O índice deste livro é uma espécie de prova geral, confirmação da unidade do repertório que se espalha em vários outros.

Destaca-se a apresentação de um método mexicano de cartomancia e cafeomancia, ou seja, a adivinhação pelo pé de café. De uma parte aponta para os almanaques de pastores, de outra para aspectos de rituais espíritas e propriamente mágicos.

A cura e o jogo estão misturados neste tabuleiro em que são recuperados muitos segmentos da cultura popular tradicional, submetidos a tratamento próprio e a ela devolvidos.

No texto mexicano fica bem claro o aspecto do jogo; é a ilusão que vem encontrar aquele que, em meio a pactos e arrepios, sabe que chegará o momento em que poderá ler: "recibirás una carta agradable" ou "hay quien muere de amor por ti".

Há dos textos lidos alguns com características muito especiais; outros confirmam os livros portugueses. Nuns se dá um intenso trabalho de texto, uma operação nova sobre o repertório trazido. É claro que lê-los é aturdidor e as misturas e operações às vezes parecem despropositadas e cômicas. No entanto, o que é importante é a própria "operação do texto", é o gosto da narrativa, para a articulação de um sincretismo religioso e cultural, sem precedentes.

Acredito seriamente que, apesar de toda a mistificação, há em alguns desses textos atuações muito sinceras, há a narrativa se gerando, num prazer de contar e de ouvir; há o mergulho no fundo editorial de uma casa, com ausculta aos seus leitores.

Os textos falam de seus saberes, constroem-se remetendo para suas preferências, torneios verbais, disputa entre personagens, gosto por uma "retórica", mesmo se obsoleta.

No caso, as religiões populares ganham aqui a legitimidade do texto impresso[35], e além disso, aquela dignidade que merecem as crenças ancestrais quando se misturam e se fazem comparecer, conjuntamente com mitologia grega e egípcia, os traços de crenças locais tal como nos livros brasileiros se fazem passar falas de oxuns, oguns e outras figuras do panteão negro.

Apesar de tudo, há um projeto realizado de se fazer legítimo, editado, lido, e passado por uma faixa de leitores que vão beirando as classes sociais mais abastadas, ultrapassando aquilo que antes era apenas perseguido e marginal. Assim é que diria um desses autores de livros, interferindo sobre um texto tradicional: "Esta é a nossa cabala".

Nos Folhetos Populares

O tema São Cipriano se faz presente na literatura de folhetos nordestinos, conhecida como de cordel. Esta literatura tem também a ver com o conhecimento e conservação do antigo repertório ligado à magia e às artes mágicas, mas o próprio *Livro de São Cipriano* geraria práticas de adaptação, que fariam possível o folheto.

São Cipriano e a Bruxa Espady é produzido, escrito e ilustrado por DILA (Caruaru, 1976), um dos mais originais xilógrafos,

---

35. *O Tratado Elementar de Magia Prática* de Papus, da Editora Pensamento de São Paulo, s/d., traz no final uma bibliografia resumida em que se dá conta de tratados correntes de magia, grimórios. Faz passar todo um discurso sobre os manuscritos hebraicos dos quais se diz existirem traduções em "nossas bibliotecas", e que tais manuscritos são conhecidos como Clavículas de Salomão ou Semanphoras e se referem ao exercício da profecia em Israel. Dessa fonte, segundo está dito, teria derivado uma infinidade de tratados de feitiçaria, de livros sem valor, de sínteses, de elucubrações falsas e bizarras, constituindo para o vulgo a quintessência das ciências ocultas. É o grande texto sem fim, que aqui se repete; passa-se então a oferecer dados sobre cada um desses livros, com a interferência da fantasia que já conhecemos.

dos mais verdadeiros intérpretes das tradições populares nordestinas, sobretudo aquelas que apontam para um universo místico e messiânico. Proveniente do mundo do cangaço, sua criação visionária propicia muito bem a conservação da figura do santo bruxo; parece, no entanto, que alguma edição ou fragmento de edição do *Livro* teria feito detonar seu texto mais imediato. O poeta mistura o santo-bruxo a uma fada, ao iniciar assim o seu relato, dando a entender que o livro tem bases concretas e históricas:

> Deus entregou ao poeta
> o dom da inspiração
> São Cipriano e Espady
> É uma mistificação
> Porém o livro não vem
> Do mundo da criação
> ....

Atravessando um certo *non-sense*, ele faz uma incursão pelo *Livro de São Cipriano*, de onde retira uma seqüência de horóscopos:

> Deixo Espady no seu lar
> Vou falar em São Cipriano
> Lendo o livro do signo
> explicado sem engano
> ....

Segue por signos e horóscopos, e estórias de bruxas e águas mágicas, num folheto não bem resolvido, antes uma seqüência de fragmentos recriados e colados.

Um outro folheto, *Luta e Vitória de São Cipriano contra Adrião Mágico*, tem como autor Joaquim Batista de Sena e editor Manoel Caboclo (Juazeiro do Norte – Ceará 1974).

O texto repete as "mocedades" de São Cipriano, como ele estudou feitiçaria:

> na cidade de Alexandria
> foi nascido e criado
> seu pai mandou educá-lo
> e criou-o muito privado
> mas ele com 12 anos
> começou ser depravado.

No enredo, Cipriano se finge de analfabeto e se emprega na livraria do mago Adrião para aprender seus livros de magia:

ganhando certa quantia
para arrumar e zelar
sua grande livraria.

Todo o desenvolvimento do folheto gira em torno da transformação, como no *Asno de Ouro* de Apuleio. O santo se transforma num cavalo, depois num peixe pequeno, em pássaro, em caroço de milho.

Finalmente Cipriano sai vencedor, vence o bruxo numa seqüência que se conta assim:

Cipriano aí tomou
sua grande livraria
e ficou considerado
como rei da bruxaria.

Não se menciona a *conversão* nem o *martírio*; aí, neste mundo do folheto popular, vencem a magia e o mistério imemorial, do mesmo modo que alguns outros folhetos como *Plantas Medicinais* e *Encontro de Lampião com uma Negra de um Peito Só*, trazem referências ao livro de São Cipriano.

As estórias de pacto com o demônio que se relacionam com a de São Cipriano e as do Fausto têm na literatura de folhetos um espaço muito propício.

O pacto é repassado para Lampeão, que tentou fazê-lo com o Diabo, dando-lhe sangue de suas veias. Assim ocorre no folheto *Historia do Cangaceiro Lampeão*, contendo a luta do Serrote Preto, o fechamento do corpo de Lampeão por um feiticeiro, o *Pacto de Lampeão com o Diabo e a Lucta com o Tigre*, de Francisco das Chagas Batista.

Passagens fundamentais referentes à legenda do santo e aos componentes principais de seu livro estão contidas em alguns folhetos:

O Sábio S. Cypriano
Será teu advogado
Deves aprender com elle
A viver bem preparado
Contra os laços do feitiço
E nunca farás serviço
Que possa ser desmanchado.

Disse o diabo: A proposta
Que eu te venho fazer
É pra me dares um calix
De teu sangue pra beber
E levar delle um signal

Para o velho maioral
Que tudo pode fazer

Disse o diabo a Lampeão
Nosso pacto será formado
Terás o que desejares
Sem seres incomodado
E se em perigo caires
Não precisa te afligires
Que estarei sempre a teu lado.

É imprescindível a mágica do gato preto que sobressai entre os procedimentos mágicos:

A mágica do gato preto
Ao teu corpo elle encanta

Se fizeres essa mágica
Ficas de ser visto isento
Tu vês e ninguém te vê
Adivinhas pensamento
Passarás nas emboscadas
Porque de todas ciladas
Tu terás conhecimento.

Assim também no folheto *As Orações de Antonio Silvino* em que é mantido o tema da invisibilidade.

O Sábio S.Cipriano
É o meu advogado
A mágica branca e preta
Seu livro tem me ensinado
Tanto que mais de mil vezes
Eu tenho me encantado.

O LIVRO VERMELHO E NEGRO DE São Cipriano

- CIENCIAS OCULTAS
- NECROMÂNCIA
- ORAÇÕES
- EXORCISMO
- FEITIÇARIAS

2. O "Composto" São Cipriano

O "COMPOSTO"

Em sua *História dos Heterodoxos Espanhóis*[1], espantosa de erudição, Menéndez y Pelayo faz passar informações muito importantes, oferecendo em relação a estes saberes, na Península Ibérica, dados fundamentais.

Aponta para as artes mágicas dos moslins ibéricos e diz que copiosa biblioteca se formou (a crer nos arabistas) com obras de mouros e judeus, concernentes às artes mágicas, à astrologia judiciária, aos dias natalícios, à interpretação dos sonhos. Só desta matéria, diz ele que se catalogaram 7700 escritores. Cita o poema de Aben Ragel de Córdoba sobre astrologia judiciária, uma demonologia e os prognósticos sobre figuras e contemplações celestes; juízos sobre ciência arenária ou geomancia e a quiromancia do cordobês Al Said ben Ali Mohamed.

Menciona a tradição corrente dos livros de esconjuros e os tratados de astrologia judiciária, de quiromancia, de fisiognomia etc.

Passa-nos a idéia da transmissão de todo um conjunto de saberes, que incluem os mais diversos conhecimentos, contando, naturalmente, as medicinas e seu exercício prático.

---

1. *Historia de los Heterodoxos Españoles*, Buenos Ayres, Emecé, t. III, p. 357.

Há no aglutinado que comparece até hoje nestes livros populares a idéia de uma junção de todas estas coisas, verdadeiros almanaques, que contêm ensinamentos próprios, resgatados desse fluxo vivo de tradição.

Circulam adivinhações, fórmulas mágicas e práticas em alternância. Magia e medicina, antigas companheiras, fórmulas e receitas para sanar dificuldades, purgantes e sangrias formando um conjunto que não se interrompe.

O interessante é que a ciência "culta" foi expulsando tudo isto, a dos doutos foi expelindo para as classes populares mezinhas e panacéias que, apesar da fragmentariedade, têm sua lógica própria, proveniente de antigos rituais, de usos empíricos comprovados, de antigos conhecimentos depositados e que, ao longo dos tempos, foram levando a se formar o que se chamou de um "verdadeiro arsenal curandeiro".

A transcrição deste texto de Henrique de Villena[2] nos põe diante de uma complexa divisão da ciência, que nos deixa perplexos, tal a sofisticação e detalhamento de categorias, e que continua a existir nos livros populares de feitiçaria, de forma difusa:

> A cabeça e totalidade das ciências proibidas é a magia, da qual saíram quatro principais que são *matemática, prestígio, malefício, encantação*. Das *matemáticas* saíram nove que são hidromancia, piromancia, geomancia, espatulmancia, fulgurária, ciromancia, tremulária, sonorítica e auspício.
>
> Do *prestígio* saíram seis que são absconsória, pulsória, congregatória, transformária, passionária, ludíbria.
>
> Do *malefício* saíram dez que são mediária, sopniária, invocatória, nigromancia, estricatória, fíbrica, extrária, sortilégio, amatória e vastatória. Da *encantação* saíram três que são empérica, imprecatória, ligatória. De *nigromancia* saíram quatro que são: atromancia, conomancia, pedoxomancia etc.; de estricatória saíram duas, que são cursória e fascinatória. De *conomancia* saiu uma que é a litomancia, e assim são cumpridas as 43 artes proibidas.

Quando se está diante do conjunto aparentemente heteróclito e desrazoado do *Livro de São Cipriano*, é preciso lembrar que nada daquilo foi simplesmente inventado; não se trata de uma pura e simples forjação de temas, ao contrário, tudo tem aí sua profunda razão de ser. Basta observar o sistema de classificação trazido por Pelayo e que nos evoca a operação designativa reunida por Lévi-Strauss no *Pensamento Selvagem*.

Neste "composto", para além de todas as "mancias", tem muita importância a astrologia, em todas as suas formas. Compareçam os tratados de ciência medieval, da mais diversa prove-

---

2. *Idem*, t. V, pp. 378, 393, 394.

niência, as anatomias que obedecem a critérios próprios e mágicos, e ainda todos os repertórios de augúrios e adivinhações, as formas próprias para os fazer, desde o uso de vísceras até o pó de café.

Descrevendo o repertório destes livros, fala-nos ainda Pelayo[3] de um caderno de *ligaduras* e *desligaduras* e das obras de Henrique de Villena, entre as quais se encontra um tratado de "Aojamiento" ou Fascinologia, dirigido em forma de carta a Juan Fernandes Valera.

A chamada alta magia[4] foi incorporando conhecimentos astronômicos e astrológicos, inclusive técnicas de adivinhação. A astrologia judiciária foi se confundindo com a magia cerimonial. Foi ocorrendo a incorporação da medicina, a luta contra a doença e contra a morte, a instituição de preces e de sacrifícios, noções provenientes da cabala hebraica, do simbolismo dos alquimistas etc. A chamada *baixa magia* faz menção a poderes infernais, aos demônios, aos espíritos maus, sendo que a força dos talismãs e amuletos são princípio de todas as práticas mágicas.

O estudo da astrologia[5] remonta à antiga Babilônia, alcançou a Grécia pelos meados do século IV a.C. e Roma antes da era cristã. Na Babilônia baseia-se na teoria do governo divino do mundo.

A grande contribuição dos gregos e, depois, dos astrônomos árabes foi incorporada ao repertório cabalístico dos judeus e cristãos e outros canais, que vieram a ser a substância da astrologia da Idade Média, formando, sob a designação de astrologia judiciária, um tipo especial de conhecimento.

Principalmente sob os gregos, o âmbito da astrologia foi se ampliando até conectar-se com, praticamente, todas as ciências conhecidas: cores, metais, pedras, plantas, drogas e vida animal de todas as espécies, e sendo associada aos planetas, foi mantida sob sua tutela.

Sabe-se ainda que[6] no século XIV se fez queimar em Barcelona um grosso livro, o *De Invocatione Demonum*, rotulado *Liber Salomonis*, contendo, em sete partes, sacrifícios, orações, "oblações nefandas" e consultas aos demônios. Outro livro "supers-

---

3. Para a menção a "cadernos de ligaduras e desligaduras", ver t. III, p. 394.

4. Ver alta e baixa magia na *Enciclopédie des Sciences Occultes*, Paris, Argentor, 1952, pp. 24-41.

5. Ver "Astrologia", verbete da *Enciclopaedia Britannica*, vol. 2, p. 575, tão completo quanto preconceituoso.

6. *Historia de los Heterodoxos*, t. III, ed. cit., pp. 379, 401.

ticioso" catalão da mesma centúria é o *Libre de Poridat*, que começa com os signos dos planetas e não se esquece da cura de enfermidades por meio de amuletos.

Mas o que a força e o vigor destes conhecimentos experimentarão, desde muito cedo, é todo um processo de impugnação por heresia, é a perseguição dirigida e deliberada. Assim, Nicolas Eymerich[7], o famoso inquisidor, que escreveu um tratado contra os invocadores de demônios, e depois de definir a heresia, questionou se era possível ou não contar entre os hereges os invocadores de demônios, conclui, dizendo que sim e classifica as artes proibidas deste modo: simples invocação, nigromancia, pacto expresso ou tácito, adivinhação, augúrios etc.

Os índices expurgatórios, que contêm regras gerais para expurgações e proibições particulares, trazem no item nove (Pelayo é quem transcreve) a composição dos livros proibidos. Entre estes estão naturalmente os tratados de artes mágicas e superstições, e aí tudo vai se relacionando num tecido assustador.

O autor de um livro de magia[8] (a ser tomado com as restrições habituais por conta de um tecido de preconceitos) traz-nos, no entanto, algumas informações importantes para o caso. Por exemplo, que a condição de mago se divide em duas categorias: os sábios propriamente ditos e os feiticeiros, intérpretes de sonhos entre outros. Falando da penetração da magia oriental na magia greco-romana, de mistérios, prodígios e sortilégios, tenta estabelecer uma distinção que é em si instigante, aquela entre magia e ciência. Diz que as gentes confundiam o alquimista com o mago e a evocação de seu quarto cheio de retortas e de vapores estranhos era a conexão possível com os mundos infernais. Também os médicos se relacionavam, como se sabe, com a feitiçaria.

Mais uma vez se traz a questão nuclear do Fausto, e mesmo a evocação de sua presença no seu gabinete, e tudo isto se instala no âmago daquele corpo móvel porém uno, que se foi compondo durante séculos e que forma os livros de São Cipriano.

---

7. Nicolas Eymerich (Nicolau Emérico), *Manual dos Inquisidores*, Ed. Afrodite. Esse livro popular, editado em Portugal, baseia-se em publicação da revista *Nouveau Commerce*; curioso nas ilustrações, traz um texto forte e apelativo.

8. Vem em Bonilla, *Historia de la Hechiceria y de las Brujas*, a mesma referência ao episódio da Cueva de Salamanca, que comparece na *Historia de los Heterodoxos*, t. III, pp. 360-369. Daí pude saber que Cervantes se serviu do episódio para construir um entremês: "La Cueva de Salamanca", que é ainda o título de uma comédia de D. Juan Ruiz de Alarcón.

Vem, a propósito, o caso da Cueva de Salamanca, contado por vários autores, a partir de um famoso tratado, teatralizada e repetida tantas vezes em narrativas populares. Relata-se que havia ali uma igreja paroquial chamada São Cipriano, unida com a de São Paulo. Nesta havia uma sacristia subterrânea, a modo de *cueva*, em que se baixava uns vinte ou trinta passos e que era muito vistosa. Houve um sacristão que ensinava arte mágica, astrologia judiciária, geomancia, hidromancia, piromancia, quiromancia, necromancia etc.

Conta-se também que nela o demônio tinha posto cátedra nas artes mágicas e respondia a quantas perguntas lhe faziam. Só admitia, ao começar, no entanto, sete alunos com os quais *fazia pacto*, ficando apenas com um no final, que deveria entregar-se a ele de corpo e alma, ao terminar os estudos.

Em texto comprometido e preconceituoso[9], apresenta seu autor a legislação diocesana portuguesa contra adivinhos e feiticeiros, benzedeiros e agoureiros, desde o século XIII até o XVIII, e transcreve a relação de oito processos que examinou e que resultam, segundo ele, nos vários modos de superstição; práticas destinadas a fazer "ligamentos" de homens e mulheres; bruxarias e pactos com o demônio; orações cabalísticas e outras orações supersticiosas, com o nome de cristãs para curar doentes; orações e práticas supersticiosas com a finalidade de descobrir coisas ocultas.

Ocorre que este elenco por ele levantado é, como vemos, a própria composição móvel do *Livro de São Cipriano*.

Para seguir os fenômenos de agora, e tratar de como tudo isto se desenrola nos livros que se sucedem nas editoras brasileiras, é importante não perder de vista que nada se criou ou impôs a partir de estratégias externas, ao contrário, tudo se manteve ou reativou. É claro que foi sendo retirado, recuperado, extraído como de uma inesgotável cartola de mágico. Os modos de o fazer, a complexidade de problemas que envolvem estas transposições é que são a questão.

Levemos em conta uma época, que revive agora e traz a voga de certos fenômenos, como, por exemplo, a proliferação de textos ligados ao ocultismo. O "culto" e o popular se aproximam, e creio que o século XVIII na Europa foi a grande sementeira deste

---

9. Texto de Isaías de Rosa Pereira in *Anais da Academia Portuguesa de História*, Lisboa, 1947.

convívio, que resultaria na produção de livros populares e semipopulares[10].

A moda do ocultismo, por exemplo, teria sido reforçada pelas obras de um seminarista francês, Alphonse Louis Constant, nascido em 1810 e conhecido como Eliphas Lévi. Segundo Mircea Eliade[11], ele seria o responsável até pela criação do termo ocultismo. Teria tido grande influência sobre a sua obra a leitura da *Kabala Denudata* de Christian Rosenroth, assim como as obras de Jacob de Boheme, de Swedenborg, de Louis Claude de Saint-Martin (o filólogo desconhecido) e outros teósofos do século XVIII. Seus livros *Dogma e Ritual da Alta Magia; A História da Magia* e a *Chave dos Grandes Mistérios* conheceram um enorme sucesso que Eliade diz ser incompreensível, porque considera estas obras um conjunto heteróclito e pretensioso. Acontece porém que está nisso, exatamente, a receita para uma penetração em públicos mais amplos, inclusive os populares, apelando para o seu amálgama desordenado.

Os neo-ocultistas da geração seguinte fizeram grande conta de Eliphas Levi, e o mais notável de seus discípulos, Dr. Encausse, escrevia sob o pseudônimo de Papus, tão presente em publicações nossas de hoje, na Editora Pensamento, por exemplo.

Foi ocorrendo uma nova explosão do ocultismo, o satanismo e os ritos satânicos trazidos em suas muitas gradações. Os cultos de fertilidade evoluiriam, por exemplo, em sociedades secretas voltadas para fins destrutivos, práticas orgiásticas, sacrifícios de crianças. Há, como lembra Eliade, uma identificação secular das sobrevivências mítico-rituais pré-cristãs com processos satânicos.

Tudo isto, em seu complexo trânsito, vai se aglutinando e transmitindo no "composto" que se edita.

A CHAVE DOS MAGOS: ORAÇÕES E ENGRIMANÇOS

Orações

Para além das narrativas do eixo central da estória de Cipriano e Justina, um dos elementos que perfazem o *Livro de São Cipriano* e que têm maior significado é a oração.

---

10. Mircea Eliade, *Occultisme, Sorcellerie et Modes Culturelles*, Paris, Gallimard, 1978, pp. 68-79.

11. Este autor é para mim um daqueles que perfazem a produção de uma cultura das bordas, visando a grandes públicos populares.

Reúnem-se, de longa data, muitas orações atribuídas aos santos Cipriano de Antioquia e de Cartago. Algumas delas fizeram história e se vão repetindo continuamente por séculos. Elas não podem faltar, mesmo em decorrência de seu estatuto mágico. Algumas das preces e orações[12] mais freqüentes levantadas nestes livros são: preces mágicas, preces para solução de encantamentos, para caçar demônios, para evitar mau-olhado, enfeitiçamentos, maus sonhos. Quanto mais indecifrável e misteriosa, maior poder teria a oração, mediando entre o homem e a divindade, e por contraste, quanto mais infernal mais eficaz.

Ao estudar e apresentar os *Apócrifos Etíopes*[13], traduzidos em francês, diz René Basset que há em latim duas preces atribuídas a São Cipriano, a partir de um original grego, que não foram publicadas mas nem uma nem outra são idênticas à versão árabe, de onde é imitada a etíope. Ele não afirma que a oração árabe seja aquela que traz o título *Secreta Cypriani*, que permaneceu inédita e que parece pertencer à mesma categoria dos apócrifos estudados, mas o sugere. A versão árabe nomeia por autor Cipriano, bispo de Cartago. Não há para ele no entanto uma única passagem da obra do Cipriano de Cartago, que tenha alguma relação com estas orações apócrifas. Uma é intitulada *Oratio pro martyribus* e a segunda, *Oratio Cypriani Antiocheni*.

No que se refere às orações, o que se constata é uma grande variedade delas e a força de sua presença, e mesmo sem fundamentação de tipo teológico ou filológico, vai se aprendendo a observar gradações, semelhanças, diferenças. Encontram-se orações simples, preces, orações fortes, breves etc. Elas são, cada uma a seu modo, diversas formas de mediação e de realização da fala. Há a que contempla e explica, a que somente pede e solicita, algumas carregadas de aflição etc. Em todas encontramos o mesmo exercício de linguagem, a ocasião para exercer o verbo como meio de ação.

Aparece muitas vezes nos vários textos dos *Livros de São Cipriano* a famosa oração de Habacuc[14], de tradição bíblica direta, e que se destina a obter a absolvição de um inocente, livrar-se de

---

12. Sobre Orações, encontram-se importantes referências em *Der Legend von Cyprian Antiochen*, por Oscar Lemm, São Petersburgo, Ed. da Academia de Ciências, 1899.

13. No texto introdutório aos *Apócrifos Etíopes*, René Basset, ed. cit., apresenta importante contribuição para o estudo dessas orações.

14. Ver Oração do Profeta Habacuc. Trata-se de um belíssimo texto bíblico. Ver *A Bíblia Sagrada*, trad. de Antonio Pereira de Figueiredo, Lisboa, ed. cit., pp. 1000 e 1001.

perseguições, obter ganho de causa na justiça e vencer intrigas e afrontas de inimigos. O texto é sempre um primor de construção, e se lido em voz alta, tem um efeito muito especial:

> Seu resplendor era como a luz. De sua mão saíam raios brilhantes. Ali estava o esconderijo da sua força. Diante dele a peste, sob seus raios de fogo. Passou e mediu a terra. Olhou e separou as nações. Foram esmiuçados os montes perpétuos. Os outeiros eternos se encurvavam. O andar eterno é o seu.

Encontram-se também orações a São Vicente, Santa Maria Madalena, São Sebastião, São Jorge, São Judas, e uma seqüência de orações práticas contra hemorragias, estiagens, para caírem chuvas, contra feridas malignas, cancerosas etc.

A variedade vai se fazendo infinita nos *Livros de São Cipriano*, e cada título traz delas um repertório maior ou menor. Nos mais diversos textos vêm orações que se ligam também a fórmulas e a rituais mágicos, exorcismos e esconjuros. Este elenco se amplia, a depender da edição do *Livro*, e assim, não apenas se representam os santos ligados ao mundo popular, em função do seu martírio e do seu comprometimento com antigas situações pagãs, mas segue-se na direção daqueles bem "oficiais".

É em *Carmina Mágica do Povo Português*[15] que aparecem estas espécies cultuais divididas em duas categorias: esconjuros e adoração. No *esconjuro* o mal tem de se submeter a fórmulas, na *adoração*, a divindade dispõe de vontade própria e paira sobre o fiel. Por sua vez o esconjuro se divide em exorcismos e cruzes, e nele se empregam água, sal, ramos. A adoração compõe-se apenas de preces.

A Oração de São Cipriano

Há num dos *Livros* atuais uma oração, cujo texto comparece há séculos em circulação avulsa ou nos *Engrimanços*[16], encontrando-se versões paralelas que provêm do antigo *Livro da Confissão de São Cipriano*. Esta oração vem, se intromete nos textos e faz sua continuação ou parte do próprio texto, dando-lhe seqüência:

> Em vosso nome, eu o desato, desligo, rasgo, corto, desalfineto, lavo, limpo e liberto de todo e qualquer bruxedo (fulano) afastando, atemorizando, qualquer

---

15. Câmara Cascudo desenvolve o verbete 'Oração" no *Dicionário do Folclore Brasileiro*, Rio, s/d., pp. 640-644 e nos remete à obra de Leite de Vasconcellos.

16. Ver Engrimanços neste capítulo e ainda no indispensável *Grimoires et Rituels Magiques*, Paris, Belfond, 1972.

preposto do demônio que tenha sido agente mandatário ou mandante, por suas artes infernais.

Ela vai sendo aproveitada, com muita facilidade, em cada novo título que se possa ir criando. Numa coletânea de livros do século XVI, em meio a documentos e notícias do tipo cartas sobre a Índia, notícias de naufrágios, vem uma "oração devotíssima de São Cipriano, traduzida do latim em castelhano" onde se lê[17]:

> En nombre de Dios... esta es la muy santa oración del glorioso San Cipriano, la qual fue hecha y ordenada para librar las personas de malos hechos y hechizos y ojos malos y malas lenguas y para qualesquiera ligamientos y encantamientos, para que todas sean desatadas y desligadas y para la muger que está de parto y para pestilencia y para aire corrupto: la qual oración ha de ser leyda tres vezes en tres domingos, cada domingo de una vez.

Com a mudança de tratamento, a passagem para a primeira pessoa, sentimos estar diante da *Confissão*.

> (...) Visto la malicia de tu servo Cipriano, y las sus maldades, por las quales fue metido so el poder del diablo y no conocia el tu nombre y ligava las nubes que no llovesse sobre la haz de la tierra, y la tierra no dava su fruto. Ligava los peces del mar que no anduviessen por las carreras de las aguas, por la mui grãda malicia de mis maldades y las mugeres que estavan preñadas no podian parir. Todas estas cosas hazia yo en el nombre del diablo. Y ahora Dios y mi señor Jesus Cristo conosco el tu sacratíssimo nombre.

A oração pede frutos sobre a terra e parto para as mulheres, comprovando sua ligação com antigos ritos de fertilidade. Pede também que se desatem as nuvens do céu e todas as outras coisas a todos os homens e todas as mulheres a quem foram feitos feitiços, de dia e de noite e que todos sejam desatados em seu santo nome. Há nela uma evocação do paraíso terreal, do repertório geográfico, dos rios Tigre e Eufrates, e se pede a Jesus que não possa o diabo maldito, nem o espírito maligno, nem nenhum ligamento, nem mau-olhado nem inveja contra o servo que ora:

> Sea librado de todos los maleficios y hechizos que hazen los hombres y malas mugeres y por al nombre de Dios que descendio sobre Ierusalem... y porque el diablo no tenga el poder de empecerle y qualquiera que sobre si esta oración traxere adonde estuviera alguna semejança mala de dia ni de noche ose estar ni aparecer al enemigo mas maldito sea y descomulgado cõ la escomuniõ de S. Pedro y de San Pablo y por las santas oraciones y por las Santas Profecias de los Sanctos Profetas; y por la humildad de los religiosos y por la hermosura de Eva y por el sacrificio de Abel...

17. Elementos presentes naquela oração, conhecida como *Oratio Cypriani Antiocheni*. Seguem-se trechos da versão espanhola, sem indicação bibliográfica. Res. 198 bis, da Biblioteca Nacional de Paris.

Passa por Jonas e todos os Santos, pelas lágrimas de Jeremias, a oração de Zacarias, o profeta dos profetas:

> Si son malos hechizos e hechos o enlaçamiento del diablo, ojo malo de embidia: y si es hecho en hierro, en oro, en plata e en alambre, e en plomo e en estaño, e en otro qualquier metal todo sea destruydo y deshechizado y no apegue ni prenda cosa de aqui adelante.
>
> O si el hechizo es en alguno hilo de oro, plata o de seda, o de algodon, o de lino o de lavra o de cañamo, o en cabello de cristiano o moro e judio o herege en huesos de aves e de pesces; o si fuere hecho en madero, o en livro o en pez o en alguna figura o en piedra o en sepultura de judia o christiano o hereje, e en fuente o en mar o en rio o en casa, o en pared de yeso o de huesso o en campo o en viña o en sepultura solitaria o en desierto o en repartimiento de arroyos, o de rios o encruzijada o en rostro hecho de cera o de hierro, o plomo o fuere dado a comer o haver etc.
>
> Yo de parte de Dios y de la mia Cipriano por el poder que Dios me dio os absuelvo de todos los hechizos que hazen los malos hombres. Absolvanos Dios por la virtud suya.

Depois de uma enumeração de todos os Santos, pede que seja

> livrado del poderio del diablo... sea desatado y desligado yo N. siervo y por N. S. Jesu Cristo. Adios Gracias.

Esta mesma oração vem se repetindo, e a partir da comparação feita, pude depreender a grande variação, mas ao mesmo tempo a sua força em conservar-se. Ela aparece em infindas versões, sempre renovada e sempre a mesma[18].

Orações Fortes[19]

Orações de função defensiva são aquelas súplicas dirigidas a Deus e aos Santos. Aponta-se nelas a canalização de restos de formulários medievais das bruxas da Idade Média, alusões mitológicas, elementos greco-romanos, vestígios de cultos esquecidos e aparentemente mortos. No entanto, sabe-se que para curar enfermidades não se indicam e sim, os ensalmos e rezas. À oração forte não corresponderia a ação terapêutica. Não se pode esquecer a força das rezadeiras no Brasil rústico, personagens

---

18. As seguintes versões: 1. Trechos da versão etíope traduzida para o francês por René Basset. Paris, 1896; 2. Versão a partir de *Grimoires et Rituels Magiques* ed. cit.; 3. Trechos da versão mexicana em catalão da Ed. Roca; 4. Versão brasileira do texto de Molina, Ed. Espiritualista.

19. Ver Getúlio Cesar, *Crendices, suas Origens e Classificação*, Rio, MEC, 1975.

com que eu mesma convivi. Munidas de "vassourinhas" de erva-de-santa-maria, estiveram sempre presentes no cotidiano infantil de muita gente. Elas estiveram em minha vida, para atender às crenças de minha mãe, mesmo sob a troça condescendente de meu pai (um homem culto não crê nessas coisas), presença humilde porém forte e indispensável. Ao me rezarem pelas costas, sempre que algo alterava as expectativas cotidianas, eu sentia, de fato, o quanto a reza é a arma da rezadeira, instrumento de eficácia indiscutível: "Com dois eu te boto / com três eu te tiro / Com a graça de Deus / e da Virgem Maria"...

A Oração do Anjo Custódio ou Lúcifer e o Anjo[20]

O Auto da Alma de Gil Vicente, uma estória de demônio logrado, contém o universo do *Livro de São Cipriano* em várias de suas passagens. Há, por exemplo, a força do Anjo Custódio e as orações a ele dirigidas:

Vós não me desampareis
Senhor meu anjo Custódio

levando a que no fim o diabo termine por perder a alma a quem pretendeu danar.

No *Livro* é freqüente encontrar-se um texto assim:

1. Em louvor das cinco chagas de meu Senhor Jesus Cristo e do Anjo Custódio (F.) queres ser livre e salvo? – Quero sim. Das treze varas de Israel, dizei-me o que significa uma? – É o meu Senhor Jesus Cristo, que vive, reina e reinará séculos e séculos, com as Três pessoas da Santíssima Trindade, Padre, Filho e Espírito Santo – três pessoas distintas e um só Deus Verdadeiro. P.N.A. M.G.P. Às cinco chagas de Cristo...

Esta é uma das mais conhecidas orações fortes, muito presente na tradição oral portuguesa e brasileira. Ao falar dos pactos e do ciclo do demônio logrado, será inevitável trazer as orações do Anjo Custódio, que o pesquisador Theo Brandão recolheu em duas versões[21].

Há um conto doutrinal, usado em muitos casos como oração forte, e que é também muito popular. Trata-se de *As Doze ou Treze Palavras Ditas e Reperguntadas ou Retomadas*, também co-

---

20. Refiro-me a "Lúcifer e o Anjo Custódio". Reproduzo aqui trechos da versão de *O Livro Gigante de São Cipriano*, da Editora Brasil. Ver *Auto da Alma* na obra completa de Gil Vicente, ed. cit.

21. Ver *Seis Contos Populares* de Theo Brandão, ed. cit., p. 11.

nhecida como *Oração do Anjo Custódio*, e que é exatamente o modelo do conto em que os símbolos doutrinais a ela referentes terminam sempre com uma oração de esconjuro ao demônio. Em Portugal, as *Doze Palavras Ditas e Retornadas* são muito narradas como conto doutrinal.

Teófilo Braga faz passar a versão utilizada pela célebre feiticeira Ana Martins[22], queimada pela Inquisição, e Jaime Lopes Dias registrou "as treze palavras ditas e retornadas", para serem recitadas à cabeceira dos moribundos, na agonia ou na hora da morte. É surpreendente como se relaciona esta oração com o conjunto de textos populares/cultos que perfazem *o ciclo do demônio logrado*.

Observa-se que no *Livro de São Cipriano*, no eixo de suas narrativas, o demônio é desacreditado, e apesar de seus esforços, é ele que termina sendo a grande vítima. A subalternidade de Satanás é tão grande aí que ele cobra o pacto não cumprido, recebe castigos e ainda é chamado de fraco. Comparece impreterivelmente a dramatização de *Lúcifer e o Anjo*. Cipriano chama Lúcifer e diz-lhe:

– Quero castigar-te como mereces.
– Então Cipriano, não te lembras do bem que te fiz? Não te lembras das donzelas às quais profanaste a honra, e que tudo isso foi por mim arranjado? Esqueces o bem que te fiz? Eu arranjei com que fosses senhor de todo o reino. Eis aqui a escritura do pacto que fizeste comigo.
– Vais ser castigado com três mil varadas dadas com a *vara boleante*, disse Cipriano a Lúcifer. Cipriano prendeu Lúcifer com uma cadeia feita de chifre ou cornos de carneiro, e depois de lhe ter amarrado, disse-lhe: Estás preso, maldito traidor!
Cipriano castigou a Lúcifer e depois de castigá-lo, pôs-lhe preceito dele nunca mais fazer pacto com pessoa nenhuma.

Este castigo conduz a expressão pobre diabo ao seu mais pleno alcance.

A Reza Forçosa[23]

Cita-se a reza forçosa como fazendo parte do grande arsenal curandeiro dos valentões, dos cangaceiros, dos ladrões, dos rufiões, salteadores, enfim todos os que andam "fora da lei". Con-

---

22. *Idem*, a versão atribuída à feiticeira Ana Martins, queimada pela Inquisição.

23. Ver Getúlio Cesar, ed. cit., p. 163.

fiam nas rezas que os fazem "envultar", isto é, ficarem transformados em tocos, em pedras, em mato.

Afirma-se que o número dessas rezas é sem conta, e que é a mais célebre delas *As Treze Palavras Ditas e Arretornadas*, considerada como uma decodificação inteligente do texto, que vem no *Livro de São Cipriano* sob o título "Lúcifer e o Anjo". Inverte-se assim a questão oral-escrito, não se vê a oração como um percurso de oralidade/escrito, encampada pelo livro, mas como se ela fosse produzida por este. É muito possível que este título "Lúcifer e o Anjo" tenha sido o preferido dos editores populares, em vez de *As Treze Palavras Ditas e Retornadas*.

Essa reza tem poderes discricionários, afirma-se que é poderosíssima, quem se encontra em perigo rezando-a, tem imediatamente serenadas todas as atribulações. Quem a rezar, escapará de emboscadas, de briga em campo raso... de ferimento e de morte... se presta para livrar-se dos inimigos, envultar-se, achar a coisa perdida, apartar o fogo nos roçados, fazer a mulher dar à luz sem novidades... Diz também que assistiu, em um terreiro de umbanda, ela ser recitada a fim de afugentar um espírito rebelde, que baixara na sessão, e que também a ouviu, em diversas ocasiões, nas mais diversas formas, umas mais longas, outras mais ricas em pedidos.

Das muitas versões escolheu-se esta que assim nos transmite:

> Satanás ia carregando para o inferno o Anjo Custódio e Deus, vendo-o, enviou imediatamente um anjo para o livrar das garras do espírito tentador. O anjo mensageiro de Deus, aproximando-se de Satanás e sua presa, falou:
> – Anjo Custódio, queres ser salvo? – Sim quero, Senhor, respondeu. O anjo mensageiro continuou dizendo: Dizei-me as treze palavras ditas e arretornadas. O anjo Custódio disse: Digo Senhor, porque sei, são as seguintes: uma é o corpo de meu Senhor Jesus Cristo que viveu e viverá para dos meus inimigos me livrar; as duas são etc. O Anjo Custódio recitou toda a oração, mas na quinta palavra, Satanás não pôde mais ouvir, tanta é a força da mesma. Largou a presa com um grande estrondo e a fumaça do enxofre saturou o lugar. Fugiu espavorido para o inferno e o mensageiro com o seu protegido subiu para o céu.

Os Breves

O breve é originalmente uma decisão papal, mais resumida do que a bula, mas é também um bentinho, um tipo de oração posta numa pequena sacola, que se carrega no pescoço, tradição, segundo consta, herdada dos portugueses e dos muçulmanos.

Havia em Portugal a tradição dos "escritinhos", ou seja, orações de curar doenças, conhecidas desde a Antiguidade e recomendadas para pôr no pescoço dos doentes. "Breve" no *Dicionário do Folclore Brasileiro*[24] é

um saquinho de pano ou de couro, contendo uma oração qualquer, *muitas vezes banal*, pendente do pescoço por fita torçal e supersticiosamente usado a impulsos de piedosas crenças ou como garantia contra toda sorte de perigos ou dificuldades.

Este tipo de comentário é muito próprio dos etnólogos e estudiosos do folclore, no princípio do século. Assim o cubano Fernando Ortiz, ao comentar[25] a oração da Pedra Ímã, também presente no *Livro de São Cipriano*, diz que ela é típica do atraso religioso que revela, remontando à litolatria.

Quanto à oração de "Justo Juez", comenta que ela é indiscutivelmente de origem européia e que num livro espanhol de orações, encontrou uma muito semelhante para obter a invisibilidade entre os inimigos. Esta oração, segundo ele, circulou na "vadiagem" (*hampa*) cubana, e pode ser *redigida* de várias maneiras:

"Con dos te mido, con tres te cito" etc. prosseguindo em seqüência muito expressiva, que também em português tem muito apelo e sonoridade:

Derrubado venhas como derrubei aos seus na quinta-feira santa, ligado venha, de pés e mãos e olhos vendados para que não me agarre a mim e nem quem estiver a meu lado; de quem me fio é na Santíssima Trindade e no leite que consagrou nos peitos de Maria Santíssima, que nossos corpos estejam livres de ser atados, mortos, angustiados, chagados. Livrai-me senhor dos meus inimigos como livrastes a Jonas do ventre da Baleia etc.

Também Câmara Cascudo[26] comenta esta oração, dizendo que ela faz parte de um acervo de orações seculares: Justo Juiz, Forças do Credo, Santo Amâncio, oração utilíssima dada como escrita por Santo Agostinho e comenta a bela oração da bruxa Joana Perez de Valência, comparando-a com algumas versões recolhidas por ele no Rio Grande do Norte:

Com dois te olho, com cinco te ato, teu sangue bebo, teu coração arrebato, com os pares de tua mão e com minha boca te topo.

---

24. "Breve" em Câmara Cascudo, *Dicionário do Folclore Brasileiro*.
25. Ver Fernando Ortiz, ed. cit.
26. Ver Oração da bruxa Joana Perez no *Dicionário do Folclore Brasileiro*, ed. cit., p. 536.

Nos documentos da Inquisição[27], entre as práticas de fazer ligamentos, encontra-se um texto que é atribuído a Maria Vieira Pacheca, condenada em 1717 a degredo para Miranda, pena comutada logo em seguida para Alvito, e que em tudo corresponde àquele apontado por Ortiz:

> Em dois te vejo
> Com cinco te ato
> o sangue te bebo
> o coração te parto
> para que andes em meu serviço
> como a sola de meu sapato.

Também as fórmulas de encantamento, que remetem a poéticas muito antigas:

> Eu te encanto
> com três velas a cada canto
> com deus e o espírito santo
> com três livros missais
> Com três círios pascoais
> com três freiras professas
> que o que te peço me faças
> e me queiras e me ames mais
> que a todas as mulheres.

Vejo que a sobrevivência de antigas palavras na estabilidade da linguagem ritual, formando uma espécie de acronia, é também responsável pela atualização dos discursos que performam estes rituais, a senha de resistência que se consegue passar no universo tão perseguido das religiões populares.

Há toda uma força poética nestes textos, uma dosagem perfeita de elementos, uma sonoridade na dicção, e mesmo na fala, enquanto propósito. Também comenta Ortiz o uso de certas expressões gregas e hebraicas por sacerdotes católicos, assim como o significado ritual de alguns gestos.

Aproveito para dizer que, mesmo nestes textos de época, carregados de cientificismo e à moda dos estudos de etnocriminologia, consegue-se trazer ao nosso conhecimento muita informação importante. Apesar de se rotularem as coisas como superstição ou crime, descreve-se, registra-se, e há toda uma preocupação em recolher dados.

---

27. Ver *Anais da Academia Portuguesa de História*, v. 24, t. II, Lisboa, 1947, pp. 90-93.

O reconhecimento de tudo isto, a princípio uma verdadeira arma de dominação, termina valendo em si mesmo. No Brasil, um dos pioneiros em direção a uma postura mais despreconceituosa é Artur Ramos, precursor de posições como as de Edison Carneiro.

Retomando Ortiz e as orações fortes, é preciso chamar a atenção para a importância que ele dá à construção de uma espécie de jargão sagrado, que é também de caráter defensivo, em sua linguagem cifrada. Já Câmara Cascudo, continuando a tratar de orações fortes, traz uma importante contribuição e vai citando tudo o que pode, menos o *Livro de São Cipriano*, na referência concreta a qualquer uma de suas edições, como aliás é usual entre estes pesquisadores.

A Oração da Cabra Preta

Discutindo estas questões, remete-nos Cascudo, em especial, a Frazer e a toda uma bibliografia erudita, em seus detalhes, e chama ainda a atenção para a questão de um verdadeiro comércio de orações fortes, acusando sua venda entre os catimbozeiros do Recife[28].

É então hora de nos perguntarmos, e por que não, se a Igreja oficial sempre vendeu bulas e indulgências? Elas são mesmo, e de fato, um grande apelo comercial e assim comparecem no *Livro de São Cipriano*, como convite e atrativo, chamado irresistível para que se compre aquele que é o "único que contém a legítima oração da cabra preta", por exemplo. A *Oração da Cabra Preta* está entre as orações fortes, e é citada como aqueles jogos que apontam para as forças demoníacas.

Como se pode ver, ela mistura em seu universo muita coisa, o diabo e Santa Justina, o credo às avessas, o que não faz dela apenas uma oração terrível como se diz, mas consegue passar um processo que é de todos o mais causador de perplexidade, o da negação do sagrado. Este credo às avessas nos deixa sempre aturdidos, senão em crença, pelo menos em lógica. A soma de absurdos a que se refere Câmara Cascudo, jogos, fórmulas comuns cheias de sigilos e alusões obscuras que todos julgam de efeito fulminante, às vezes, e de fato, terminam mesmo sendo, até pelo estado de desordem que traz esta oração ao voltar o mundo de ponta-cabeça, como nesta versão colhida por Artur Ramos[29]:

---

28. In *Meleagro*, ed. cit., pp. 205-208.

29. Oração da Cabra Preta, transcrita por Artur Ramos in *Aculturação Negra no Brasil*, São Paulo, Cia. Ed. Nacional, 1942, pp. 142-268.

> ## ORAÇÃO DA CABRA PRETA
> ### (MILAGROSA)
>
> *Cabra Preta milagrosa que pelo monte subiu, trazei-me Fulano, que de minha mão sumiu. Fulano, assim como o galo canta, o burro rincha, o sino toca e a cabra berra. Assim tu hás de andar atrás de mim.*
> *Assim como Caifaz, Satanás, Ferrabraz e o Maioral do Inferno que fazem todos se dominar, fazei Fulano se dominar, para me trazer cordeiro, preso debaixo do meu pé esquerdo.*
> *Fulano, dinheiro na tua e na minha mão não há de faltar, com sede tu nem eu não haveremos de acabar, de tiro e faca nem tu nem eu não há de nos pegar, meus inimigos não hão de me enxergar. A luta vencerei com os poderes da Cabra Preta milagrosa. Fulano, com dois eu te vejo, com três eu te prendo com Caifaz, Satanás, Ferrabraz.*
>
> *Reza-se esta oração com uma vela acesa e uma faca de ponta.*

Comparando este texto com os da Editora Eco e de outras editoras, verifica-se, a partir do cotejo, que há uma incrível simplificação. A apresentação visual nos lembra um cartãozinho de missa de sétimo dia. Aí há o empobrecimento da oralidade para aproveitamento da imagem e para vender melhor o produto.

Engrimanços – Grimórios

Engrimanço é uma palavra muito estranha aos nossos ouvidos, até que se topa com os *Engrimanços de São Cipriano* e se começa a habituar-se com eles. Em dicionários se encontra para este vocábulo a significação de discursos obscuros, modo ininteligível de falar, que se liga ao italiano *grimo*, mísero, enredo, artimanha, logro. Grimório é palavra menos corrente em português, mas que se usa em outras línguas, para designar livros ou partes de livros de artes mágicas e ciências populares. O contato com textos brasileiros e portugueses mostra-nos que a palavra engrimanço, que se relaciona intuitivamente com a sonoridade das etimologias populares, é usada como sinônimo de grimório. *Grimoire*[30] procede ou liga-se diretamente a *grammaire*, designando a gramática latina, incompreensível para o vulgar, tendo também o sentido de livro de magia para uso de feiticeiros, obra

---

30. Ver Petit Robert, *Dictionnaire Alphabetique et Analogique...* Paris, 1972. *Dicionário Infernal* de Plancy Collin, Barcelona, Ed. Taber, 1968.

ou discurso obscuro, indecifrável. Localizam-se sempre correspondentes, a partir do latim *grimorium* e às vezes *grimorium verum*, e passa-se a saber que estes livros recebem também o nome de "alfabetos do diabo". Chamam a atenção por contar os segredos maravilhosos, entre os quais os mais importantes são: fazer aparecer e obedecer os maus espíritos; evocar os demônios, descobrir tesouros escondidos etc.

Os *Engrimanços* têm o caráter prático da ciência mágica e um conjunto de propostas concretas para atuação, em que a invisibilidade é um dos temas centrais. Espera-se por estes significados que o mago aja como um taumaturgo, e este poder é conferido ao livro ou a quem o traz, e nele procura aprender lições.

Num livro sobre mágica, feitiçaria e paganismo na América, abre-se o capítulo "Os Grimórios", realçando-lhes o caráter prático[31]:

...necessário na biblioteca do mágico, o grimório contém as fórmulas consagradas e rituais pelas quais o mágico é mágico... Há um grande número de velhos grimórios, a maioria escrita em alemão, latim ou hebreu e que circulava entre os monges medievais.

Diz o autor que as edições populares começaram a aparecer nos EUA em 1880, e que na primeira parte deste século editores soltaram a primeira edição americana e a Lawrence Company de Chicago passou a imprimi-los. Entre eles se encontram edições como a de *The Greater Key of Solomon*, Chicago, 1914. Comenta que estes livros mereceram, ao mesmo tempo, acolhida por editoras eruditas para estudos, a exemplo de *The Book of Secrets of Albertus Magnus*. Atesta a publicação destes livros até hoje. Assim o *Lemegeton: Clavicula Salomonis*, Passadena, 1979.

Uma firme sustentação desses textos seria também *o pacto* com o diabo, e sempre estão presentes nos engrimanços ou grimórios todos os detalhes e procedimentos para a formulação do pacto. Um grimório implica ação, aí não se trata de rezar e de esperar, mas está em causa toda a eficácia dos ritos; concede-se também o poder de exorcizar e de instrumentar. Neles se remete sempre à Cabala e à tradição judaica, e misturam-se magia e um apelo a escrituras indecifráveis. Estão aí contidos princípios de "diabolismo", materiais recolhidos a partir de toda uma tradição

---

31. Ver *Magic, Witchcraft and Paganism in America*; uma bibliografia acompanhada de comentários e preparada por um metodista: J. Gordon Melton, New York, Garland Publishing, 1982.

EL LIBRO INFERNAL

TESORO DE LAS CIENCIAS OCULTAS

da *Teufelliteratur*[32], e como seria de esperar, há nos novos grimórios a evocação das narrativas célebres e lendárias de Johanes Faust. Comparecem presságios, aparições, possibilidades de saber o futuro, de descobrir as coisas mais secretas; também a proximidade com os espíritos, diabinhos familiares (famaliás) e vampiros, encantamentos, talismãs, parcelas de um universo comum. Os amantes se reunirão, terão lugar os filtros de amor e as evocações para retorno de afeição, embora alguns livros ou partes deles se dediquem a fazer o mal. Mas os grimórios podem trazer também a alegria de uma felicidade inesperada, o fervor diante do milagre, a assistência de uma corte de espíritos, de santos, de arcanjos e até a submissão de Satã.

Observa-se então a estreita ligação desses textos, apoiados no ofício e na operação mágica, com a Igreja. O autor de um compêndio[33] pede mesmo que se preste a atenção ao sentido profundamente religioso desses textos, e o fato de serem eles atribuídos a santos ou a papas. Entre os mais famosos grimórios existentes estão, por unanimidade: *As Clavículas de Salomão, O Grimório do Papa Honório, O Enchiridion do Papa Leão, Os Segredos do Grande e do Pequeno Alberto.*

A preferência por papas é também uma questão de legitimar a magia em personagens poderosos; os mais visados são Santo Leão, o Grande, e Silvestre II, qualificados de grandes mágicos. E o que se pergunta é se haveria mesmo uma efetiva cisão entre a Igreja e a Magia, e se o clero mantinha-se afastado do encanto, mistério, perplexidade e divertimento desses *Grimórios*?

Neles, em proporção maior ou menor, estão invocações para pressionar Jesus ou a Virgem Maria, orações contra adversidades, enfermidades, perigos, proteção de viajantes, para preservar a mulher fiel etc.

Textos piedosos são atribuídos a Santo Agostinho e a São Cipriano, dizendo-se que a eficácia utilitária é o fim essencial dos *Enchiridions* que, no seu capítulo de segredos místicos, lembram o eterno desejo de um *recurso*, de um apoio concreto, de uma proteção, e em que se encaminham preces para deter incêndios, para fazer fugir raposas, algumas referidas a Jó e a Moisés.

O fato é que estes livros continuaram proliferando e trazendo a denominação de *Enchiridions*, que em grego significa pequeno

---

32. Ver *Teufelliteratur (Teufel* = diabo), in *Reallexikon der deutschen Literaturgeschichte*, Berlim, Walter de Gruyter, 1984, pp. 367-403.

33. Ver Prefácio de François Ribadeau Dumas em *Grimoires et Rituels Magiques*, Paris, Pierre Belfond, 1972.

livro, livrinho. Gershom Scholem cita um destes compostos no século XII por Joachim de Fiore: *Enchiridion in Apocalipsim*[34]. O argumento maior dos rituais que passam para estes textos parece ser por conseqüência aquele da reintegração edênica. Conta-se mesmo com a idéia de recompensa, animando a esperança, em seu projeto messiânico.

Quanto à sua relação com a Cabala, pode-se entender que há sempre a noção de jogo entre letras, símbolos, figuras, a decifração de escritura, uma apropriação daquilo que lhes serviria, construindo-se assim sua cabala que imagino como uma interpretação popularizada, obedecendo a um resgate caótico. Não podem faltar os temas de Satã e a era messiânica, em que a Torá deverá permanecer, eternamente. Um autor de estudo sobre os grimórios fala-nos da maravilha dos gráficos, que ainda hoje comparecem no *Livro de São Cipriano*, e em que se completam pentáculos, medalhões, emblemas, fivelas, com a estrela de Salomão e com os nomes divinos do Tetra-Grammaton[35].

Alguns desses grimórios contêm a famosa *Oração de São Cipriano*, comentada anteriormente.

Curioso é que um dos *Livros de São Cipriano* produzidos no Brasil de hoje, assinado por um certo Molina, traz numa seqüência bem destacada uma lista de "Mandamentos para a Comunidade Judaica", abruptamente e sem explicações, pressupondo o entendimento dessa relação, fortemente assentada no repertório de seus ouvintes.

Ao longo dos séculos, se transmitiriam os grimórios e, no repertório da Bibliothèque Bleue, tiveram estes livretos, como se sabe, uma importância muito grande. Desfilam pelo rol dessas publicações populares os *Enchiridions* como os *Segredos do Grande e do Pequeno Alberto*, *As Clavículas de Salomão*, *O Enchiridion do Papa Leão*.

Conforme nos lembra Bollème[36], estes opúsculos faziam a alegria e descontração dos conventos. O ambulante, o *colporteur* o trazia com sua mercadoria e desde sua partida se ensaiavam as receitas da felicidade: "Se o padre promete a felicidade para o

---

34. Gershom Scholem em *A Cabala e seu Simbolismo*, aliás fonte indispensável para o entendimento do conjunto de práticas e saberes contidos no *Livro de São Cipriano*, nos fala do "Enchiridion in Apocalipsim" do afamado monge da Calábria. São Paulo, Ed. Perspectiva, 1978, p. 69.

35. A referência cabalística é aí muito explícita, a exemplo dos gráficos espalhados pelo livro. Ver *Grimoires et Rituels Magiques*, ed. cit., pp. 24-25.

36. Ver *La Bibliothèque Bleue* de Geneviève Bollème, Paris, Julliard, 1971.

outro mundo, não nos resta mais do que bem morrer". O livrinho mágico, ao contrário, sugerindo o pacto e várias operações mágicas e transformadoras, apresenta *receitas para bem viver*, promessas a se cumprirem em países de fartura e de abundância, alvo das utopias populares.

Estudando a *Coena Cypriani*, sugere Bakhtin[37] que é muito significativo o seu universalismo histórico e que seus traços se encontram em grandiosa obra do século XVI, que trata do Banquete: *O Modo de Vencer na Vida*.

Ainda ele, referindo-se à carnavalização do inferno, diz que a cultura popular organiza, a seu modo, a imagem do inferno, opondo à estéril eternidade a morte prenhe que dá à luz. A perpetuação do presente se faz na espreita de um futuro melhor, surgido do passado agonizante. Se o inferno cristão desprezava a terra e se afastava dela, o inferno do Carnaval sancionava a terra.

E é exatamente neste mundo em que o mágico prático e os ritos diabólicos oferecem certezas de uma vida melhor que circulam os grimórios, os engrimanços, os *enchiridions*.

As Clavículas de Salomão

Este rei, ao qual Deus tinha dado a sabedoria, tem todo um poder sobre o mundo e em particular sobre os demônios da tradição popular. Atribuiu-se a ele a redação deste famoso livro das clavículas, sem o qual não se poderia invocar os demônios. Ela é a *Chave dos Magos*.

Numa editora que tem muitos títulos de São Cipriano, encontram-se edições de *O Verdadeiro Livro das Clavículas de Salomão* que possuo na 6ª edição e que, segundo aí se diz, é publicado em razão de intensas solicitações: "Os constantes pedidos que temos recebido de todos os pontos do país e do mundo são a prova mais evidente de que o mesmo é conhecido e apreciado por todos".

Quanto a Salomão, aí se conta que houve dois personagens, advertindo para que não sejam confundidos, ou seja, Salomão o rei dos Hebreus e o Sábio Salomão, mago da Caldéia:

Alguns personagens que desempenharam suas atividades com grande brilhantismo no setor do bem têm um xará, que alcançou celebridade em terreno completamente oposto, ou ao menos diferente. Esta introdução tem a finalidade de explicar a diferença que existe entre Salomão – o Rei dos Hebreus e o Sábio Salomão, o mago da Caldéia,

37. Ver *La Cultura Popular en la Edad Media y en el Renacimiento*, de Mijail Bajtin, ed. cit., p. 73.

sendo que este texto fica sendo como do segundo.

No entanto, a tradição corrente passa para todos, em lenda, em rituais, em disputas de sabedoria, a figura do rei Salomão.

Em 1456, diz-nos E. M. Butler[38], aparece, num panfleto de advertência ao duque de Burgúndia, uma listagem que apresenta a *Clavícula* e o *Sigilum* de Salomão como as obras de nigromancia mais correntes naquele tempo, e que a primeira ocupou o lugar de honra nas mentes dos praticantes de magia, do século XIV em diante, sendo inúmeras as versões de muitos manuscritos existentes.

Ao longo dos séculos teria havido uma verdadeira indústria de forjar manuscritos, sendo que as *Clavículas* vão incluindo as conjurações. Butler afirma que os *grimoires* franceses, muitas vezes provenientes da Itália, são firmemente baseados nelas. Aponta-nos o *Grimorium Verum* como dos mais aprovados e o *Grand Grimoire* para a descoberta de tesouros escondidos. Interessante é que, a certa altura, a pesquisadora inglesa acha por bem explicar que as "clavículas" não têm nada a ver com ossos; acrescenta que, mesmo em suas versões abreviadas, estéticas e espirituais, foram prolíficas ao extremo e tiveram um enorme prestígio, principalmente nos países latinos.

Para Eliphas Lévi[39], segundo a tradição popular, o possuidor das *Clavículas de Salomão* podia conversar com espíritos de toda espécie e se fazer obedecer por todos os poderes naturais:

> Estas Clavículas, várias vezes perdidas e depois reencontradas, não são outra coisa que os talismãs dos 72 nomes e os mistérios das 32 vias (Cabala), hieroglificamente reproduzidas no Tarot. Com a ajuda destes signos e por meio de suas combinações infinitas, como a dos números e das letras, pode-se com efeito chegar à revelação natural e matemática de todos os segredos da natureza e entrar em comunicação com toda a hierarquia das inteligências e gênios.

Também Menéndez y Pelayo cita a *Clavícula de Salomão*[40] como um célebre tratado de invocação de demônios, muito corrente em Espanha:

> Sobre este livro discorre assim o doutíssimo Bispo de Segóvia, D. Juan Baptista Perez, em memorável parecer, escrito em 1595: "Os nigromânticos têm um certo livro de conjuros com caracteres incógnitos, o qual chamam de *Clavicula*

---

38. Ver *The Myth of the Magus* de E. M. Butler, Cambridge, University Press. Aliás, sua trilogia de estudos sobre magia e o tema do Fausto é indispensável.
39. Ver *Histoire de la Magie* de Eliphas Lévi, ed. cit.
40. Menéndez y Pelayo, ed. cit., vol. III, pp. 369-370.

Salomonis e que está proibido em todos os Catálogos da Inquisição, e os mágicos fingem que o escreveu Salomão. No *Malleus Maleficarum*, o inquisitor diz que os nigromânticos usam um livro que chamam de Salomão, escrito em língua arábica, e que o achou Virgílio numa cadeia de montes da Arábia".

Atesta-se que o livro circulou com força no século XVI e que continha certas figuras e orações que deviam ser recitadas nos sete primeiros dias de lua nova, ao apontar o sol pela manhã, e que o homem, observando estes rituais, se acharia, de súbito, cheio de ciência.

A LEGENDA

A história do pacto vem de muito longe, já está no Livro de Jó da Bíblia, em toda a tradição de textos em que se afrontam o bem e o mal. A magia se prende a antecedentes possíveis, às histórias de São Pedro, aos relatos sobre Simão, o Mago, e a toda uma tendência de recuperação do mitológico, dos segredos do mundo pagão, de tudo aquilo que se foi conservando, para sobreviver à hegemonia do cristianismo, que se tornara a religião oficial.

Sabemos de inúmeras lendas, desde os primeiros tempos do cristianismo, que tratam da aliança do homem com o diabo, sendo que a de Simão, o Mago[41], proveniente dos tempos mais antigos do assentamento do cristianismo, e que entrou nos livros canônicos do *Novo Testamento*, é uma das mais difundidas. Simão, o Mago, converte-se ao cristianismo a partir da pregação de Filipe mas é amaldiçoado por São Pedro, por questões de dinheiro. Capaz de fazer ressuscitar mortos, entrar no fogo sem se queimar, arrancar correntes, mudar sua imagem, ficar invisível e voar pelo ar. São muitas as peripécias daquele que em Roma, na presença do Imperador Nero, com o auxílio do diabo, tentou voar, segundo se conta, pulando de uma torre alta mas, pelas palavras atribuídas ao Apóstolo Pedro, desabou no chão e se esfacelou. Conduzia sempre consigo uma certa mulher e a fazia passar por Helena de Tróia ou Celene[42], afirmando que ela era a materialização feminina da substância universal.

---

41. Trata-se da *História da Lenda do Fausto* de V. Jirmunski, Leningrado, 1972, indispensável a estes estudos, e base preliminar desta pesquisa. Como não existe tradução para o português, o texto que segui foi sendo traduzido por Boris Schnaiderman, na ocasião.

42. Ver *O Nascimento de Helena (Die Geburt der Helena)*, um estudo do mitólogo Karl Kerényi, Zurique, Rhein Verlag, 1945.

É apresentado, na tradição apócrifa, como mestre doutrinador de seitas gnósticas, que tenta compatibilizar cristianismo e paganismo, por meio de uma interpretação alegórica de mitos antigos e cristãos[43].

Consta dos *Atos Apócrifos dos Apóstolos* a disputa entre Pedro e Simão e também seqüências das chamadas "Clementinas", romance cristão do século II que descreve, segundo o modelo do romance grego de aventuras, a vida de São Clemente, padre romano e, conforme a legenda eclesiástica, discípulo e continuador da obra de São Pedro.

O autor das "Clementinas"[44] se compraz em detalhar o espetáculo que oferecem os diversos episódios dessa luta tenaz que mantêm, uns contra outros, sofistas pagãos e apóstolos cristãos.

Nos *Atos dos Apóstolos*[45] se narra, com gosto, o episódio de Simão, o Mago:

> Havia porém nella um homem, por nome Simão, o qual antes tinha alli exercitado a mágica, enganando ao povo Samaritano, dizendo que elle era um grande homem (...) Elles o atendiam porque com as suas artes mágicas por muito tempo os havia dementado. Porém depois que creram que o que Philippe lhes anunciava era do reino de Deus, iam-se baptizando homens e mulheres em nome de Jesus Cristo. Então creu o mesmo Simão, e depois que foi baptizado, andava unido a Philippe (a conversão).

Falando-se destas seitas gnósticas[46], aponta-se sempre o erotismo mítico presente nas estórias de Simão, o Mago, o mais antigo dos gnósticos e como ingrediente indispensável na estória que se faz seguir, no enamoramento de Cipriano (futuro santo), por Justina (donzela imbatível), heróis de nossa legenda.

Estão já aqui elementos importantes para o acompanhamento do tema de São Cipriano, a conversão, as ligações com o diabo, a força do elemento feminino, a nota sempre erotizada dessas relações.

O interessante é observar o modo pelo qual estes componentes lendários, pagãos, cristãos, gnósticos, vão sendo resgatados aqui e ali pela memória popular, devolvidos à tradição escrita e

---

43. Continuando com as informações de Jirmunski.

44. Ver o trabalho de Alexis Chassang, *Historia de la Novela*; ver ainda *Esthétique et Théorie du Roman* de Mihail Bakhtine, Paris, Gallimard, 1978. (Há uma edição brasileira pela Hucitec, 1989.)

45. O episódio integral está na *Bíblia Sagrada*, trad. do Padre Antonio Figueiredo, Lisboa, 1855, p. 155, Cap. VIII.

46. Ver *Le miroir de la magie* de Kurt Seligman, Paris, Gallimard, 1961 p. 54.

culta, e ressurgem penetrando os mais diversos pedaços, num tecido urdido de tal modo que chega a assustar. Nos folhetos populares brasileiros, nas estórias e contos, eles aparecem de repente, e então o inexplicado se explica[47]. Surge a "Bela Helena", por exemplo, na antiga epopéia do *Gilgamesh*, nos contos populares em que passa a lenda do pássaro de fogo, a exemplo da *História do Cavalinho Corcunda*, como surgiria nas muitas dramatizações do Fausto, chegando à apoteose do segundo *Fausto* de Goethe. Há sempre uma razão mítica que encontra lugar na razão social, traços de memória que terminam achando o espaço certo nas estórias que se contam, nos textos populares/cultos que se criam.

Ligam-se a este universo alguns textos que vão formar uma espécie de lastro, onde as coisas se assentam, sustentação subterrânea em que se finca este conjunto mítico-narrativo. Confirma Le Goff[48] a evidência da circulação clandestina dos apócrifos por diversos canais e sobretudo do Apocalipse de Pedro, firmemente fundado sobre uma visão dualista, que se compraz no lado infernal. Esta visão se encontra nos antigos textos cristãos que ele influenciou, como o *De laude Martyrii* (*O Louvor do Martírio*) que foi atribuído a São Cipriano.

O *Apocalipse de Pedro*[49], por exemplo, é um texto que se atribui a São Pedro, revelador de verdades ocultas e visões, desenrolando-se a narrativa em torno do tema escatológico. Os tormentos do inferno são mostrados com muitos detalhes, com a indicação do suplício dos homens e das mulheres que abandonam a vida de Deus. A redação etíope se inicia com um percurso apocalíptico de Jesus, que mostra a Pedro as cenas finais da ressurreição dos mortos, do juízo, das catástrofes cósmicas, da separação dos justos, e do mais. Depois, e com grande intensidade, representam-se os tormentos infernais em seu conjunto. Segundo os exegetas, o patronato de Pedro se configura tipicamente como sendo do cristianismo judeu-siríaco.

Passamos a saber também da força do *Apocalipse de Paulo*, em que o santo visita a sede dos condenados e vê os seus tormentos infinitos, reconhecendo entre os pecadores bispos, diáconos, prevaricadores e hereges. Encontra a Virgem Maria cercada de

---

47. Ver referências à "Bela Helena" no estudo de Ordep Serra, *Gilgamesh*, Fundação Cultural do Estado da Bahia, 1985, pp. 148-149.

48. É indispensável o estudo de Jacques le Goff, *La Naissance du Purgatoire*, 2ª ed., Rio, s/d, p. 166.

49. Ver "Apocalissi Cristiane, Apocrife", *Enciclopedia delle Religioni*, vol. I, pp. 519-526. "Apocalissi di Pietro", pp. 508-510, "Apocalissi di Paulo", pp. 510-512.

anjos. Este texto terá influído muito sobre as literaturas "cultas" e populares, a exemplo da menção da viagem de Paulo ao Inferno, na *Divina Comédia*.

Aproveito aqui para abrir um parêntese, pela necessidade de situar o conceito de apócrifo[50]. Entende-se, em geral, por apócrifo uma obra ou fato sem autenticidade de autoria ou cuja autenticidade não se aprovou. Em definições correntes significa também aquilo que é oculto, escondido, encoberto, restrito à consciência de alguns. Entre os católicos o nome designa os escritos de assunto sagrado, não incluídos pela Igreja no cânone das escrituras autênticas. Podem ser também obras de literatura lendária religiosa não assumida pela Igreja. Na época pré-cristã e nos primeitos tempos do cristianismo era chamada apócrifa[51] aquela literatura com significado oculto, acessível apenas aos eleitos, aos iniciados. A proibição dos livros, a definição destes como não-canônicos, nocivos ou falsos liga-se à luta da Igreja contra as correntes de oposição dentro do cristianismo; assim as chamadas heresias, que continham com freqüência idéias sociais avançadas. Encontra-se que nos concílios universais do século XIV foram estabelecidos livros canônicos e não-canônicos e a primeira relação dos livros recusados teria sido composta em Bizâncio no século V. Na base dos apócrifos cristãos estariam lendas e tradições de culturas mais antigas, greco-romana, hebraica e de outros povos orientais.

Basicamente, a legenda que nos chegou aponta para o território apócrifo mas remete para o "martirológio" e para a tradição narrativa do folclore e do conto popular. Há uma narrativa virtual do martírio que emerge e também a aglutinação de textos escritos e de legendas anteriores, que se vão transformando em oralidade e gerando novos textos escritos. Curtius[52] nos lembra que, ao lado dos hinos da Igreja, se foi desenvolvendo o primitivo *epos* cristão bíblico, produto artístico de literatos que deve sua origem ao afã de adaptar a forma do *epos* pagão aos temas da história sagrada. No conjunto da literatura cristã primitiva[53], alguns fragmentos se teriam perdido e outros se conservado com

---

50. Ver "Apokryphen" por Hans Couzelmann na *Enzyklopaedie des Märchen*, ed. cit., vol. 1, pp. 628-661; "Die Apokryphen in der byzantine slav welt" por Donka Petkanova Toteva, *idem*, pp. 662-666.

51. Ver artigo de Kiazévskaia na *Enciclopédia Literária Sucinta*, Moscou, Ed. Enciclopédia Soviética, 1962, vol. 1, pp. 252-253. (trad. B. S.)

52. *Literatura Europea y Edad Media Latina* de E. R. Curtius, México, Fondo de Cultura Económica, 1955, 2 vols.

53. Ver *La Littérature Chrétienne Primitive* de Eysinga, Paris, Rieder et Cie., 1926, 231 p.

modificações. O grego era a língua em que se construiu esta literatura, assim como teriam sido em grego os primeiros relatos da legenda de São Cipriano. Depois, estas estórias passaram ao latim, compondo-se em novos textos. Estão na *Patrologia*[54] algumas referências à obra de São Cipriano de Antioquia nos termos seguintes: "estas coisas que existem em latim não são tão devidas ao momento quanto se relacionam ao contexto grego". Quanto à famosa *Confissão*, diz-se que o texto remete ao momento grego, sendo no texto latino muita coisa retirada e acrescentada e aberrando muitas vezes por falta de sentido.

O fato é que estamos pisando, desde cedo, o território da recriação, da tradução cultural, e assim vai a estória se consolidando, do sublegítimo ao permitido, daquilo que o povo conta ao que contaram os doutores da Igreja ou sobre isso escreveram. Bem interessante é que a estória passa também a ser posta na boca do próprio mártir, como documento, servindo para abonar o que dele se vai relatando.

Assim é que vamos encontrar estas narrativas nas *Atas dos Mártires e dos Santos da Igreja*[55] cuja edição mais corrente é de Antuérpia, 1760, sendo impossível fixar a data dos relatos.

A trama se faz cada vez mais irresistível para os martirologistas, contando com alguns componentes que são tópicos usuais. Ligam-se à de São Cipriano as estórias do tipo "velhote-mocinha", combinação atraente, sendo considerada uma das "obras-primas" do gênero. Creio que uma das razões desse prazer de narrar é, como se verá adiante, não só o jogo entre Deus e o Diabo, pecado e conversão, mas cada lance do próprio martírio, a presença de outro tópico, o ordálio, em seus detalhes de sacrifício e tortura.

O fato é que, ao longo dos séculos, desenvolve-se o mesmo gosto de contar e a estória vai sendo repetida por uns e por outros, por exegetas, comentaristas, verbetistas, teóricos que nunca se contentam em apenas falar da existência do santo. Enquanto vão tentando oferecer os dados fundamentais para provar sua existência, se deixam levar pelo sabor da fábula, pelo fascínio que seria aproveitado com tanto fôlego pelo drama espanhol. Começando em Mira de Améscua com o *Escravo do Demônio*, o tema teria desenvolvimento magistral no *Mágico Prodigioso* de Calderón de la Barca[56].

---

54. *Patrologia*, Cursus Completus, Paris, 1844, t. III, p. 278.
55. Ver *Acta Sanctorum Septembris*, Antuerpiae, 1790.
56. Ver *El Mágico Prodigioso* de Calderón de la Barca, *Obras*, Madrid, Real

É impressionante como Cipriano, através de Calderón, nos remete diretamente para o Fausto, e como a fala do demônio alcança aí tão grande força que supera tudo mais em dramaticidade. A condição de infeliz (*el desdichado*), de posto à margem lhe dá a grandeza da fala e das dores:

> Eu sou, pois sabê-lo queres,
> Um epílogo, um assombro
> De venturas e desditas
> Que umas perco e outras choro
> (...)
> Antes quero obstinado
> Com meus alentos briosos
> Despencar-me por bizarro
> Que render-me por medroso
> (...)
> Sou na magia que alcanço
> O registo poderoso
> Destes orbes: linha a linha
> (...)

VIDA DE S. CYPRIANO[57]

EXTRAÍDA DO
FLOS SANCTORUM OU VIDA DE TODOS OS SANTOS

Cypriano (denominado o *Feiticeiro*, para distinguir-se do celebre Cypriano, bispo de Cartago) nasceu em Anthiochia, situada entre a Syria e a Arabia, pertencente ao governo de Phenicia. Seus pais, idolatras, e providos de copiosas riquezas, vendo que a natureza o dotara dos talentos proprios para conciliar a estimação dos homens o destinaram para o serviço das falsas divindades, fazendo-o instruir em toda a sciencia dos sacrificios que se ofereciam aos idolos, de modo que ninguem, como ele, tinha tão profundo conhecimento dos profanos misterios do barbaro gentilismo.

Na idade de trinta annos fez ele uma viagem ao paiz da Babylonia para aprender a astrologia judiciaria e os misterios mais recondidos dos supersticiosos chaldeus. E sobre a grave culpa de empregar em tais estudos o tempo que lhe era concedido para conhecer e seguir a verdade, aumentou Cypriano a sua malicia e a sua iniquidade, quando se deu inteiramente ao estudo da magica, para conseguir por meio desta arte, um estreito comercio com os demonios; praticando ao mesmo tempo uma vida impura e absolutamente escandalosa.

Academia Española, 1945, p. 178. Os trechos transcritos foram traduzidos por J. P. F.

57. Estou reproduzindo aqui a narrativa de "Vida de São Cipriano" a partir da edição portuguesa da Ed. Universal, e que se fez corrente em muitos livros brasileiros.

E comquanto um verdadeiro cristão chamado Eusebio, que havia sido seu companheiro de estudos, lhe fizesse amiudadas vezes vigorosas censuras sobre a sua má vida procurando arranca-lo do abismo profundo em que o via precipitado, não só desprezava Cypriano nas suas exortações e censuras, mas tambem ainda se valia do seu infernal engenho para ridicularisar os sacrosantos misterios e virtuosos professores da lei cristã, por odio à qual chegou a unir-se com os barbaros perseguidores, para obrigar os cristãos a renunciarem o Evangelho e renegarem a Jesus Christo.

Tinha chegado a este estado a vida de Cypriano, quando a infinita misericordia de Deus se dignou iluminar e converter este infeliz vaso de contumelias e ignominias em um vaso de eleição e de honra; valendo-se e servindo-se da sua divina graça para obrar no coração de Cypriano este prodigioso milagre da sua omnipotencia, do meio exterior que vamos historiar.

Vivia em Anthiochia uma donzela de nome Justina, não menos rica do que bela, a quem seu pae Edeso e sua mãe Cledonia, educaram com muito cuidado nas superstições do paganismo. Porém, Justina, dotada como era, dum claro engenho, assim que ouviu as pregações de Prailo, diacono de Anthiochia, abandonou as extravagancias gentilicas; e abraçando a fé catolica, conseguiu converter dali a pouco os seus proprios pais.

Constituida cristã, a ditosa virgem, tornou-se ao mesmo tempo uma das mais perfeitas esposas de Jesus Cristo, consagrando-lhe a sua virgindade, e procurando adquirir todos os meios de conservar esta delicada virtude, para cujo efeito observava cuidadosamente a modestia, entregando se às orações e ao retiro. Não obstante isto, vendo-a um pobre mancebo de nome Aglaide, lhe captou tanto os agrados, que logo a pediu a seus pais para esposa, ao que eles anuiram; e só não poude, por mais diligencias que fez o tal pretendente, obter o consenso da mesma Justina.

Valeu-se então Aglaide das industrias de Cypriano, o qual, com efeito, empregou todos os meios mais eficazes da sua diabolica arte para satisfazer ao namorado amigo. Ofereceu aos demonios muitos e abominaveis sacrificios, e eles lhes prometeram o desejado sucesso investindo logo a santa com terriveis tentações e horriveis fantasmas. Porém, ela, fortalecida pela graça de Deus, que tinha merecido com orações continuas rigorosas austeridades, e sobretudo, com o patrocinio da Santissima Virgem (a quem ela chamava sua mãe amantissima), ficou sempre vitoriosa.

Indignado Cypriano por não poder vence-la, se levantou contra o demonio, que estava presente, e lhe falou desta maneira: "Pérfido, já vejo a tua fraqueza, quando não pódes vencer a uma delicada donzela, tu, que tanto te jactas do teu poder e de obrar prodigosas maravilhas! Dize-me, logo de onde procede esta mudança, e com que armas se defende aquela virgem para deixar inuteis os teus esforços?"

Então o demonio, obrigado por uma divina virtude, lhe confessou a verdade, dizendo-lhe que o Deus dos cristãos era o supremo Senhor do céu, da terra e dos infernos; e que nenhum demonio podia obrar contra o sinal da Cruz com que Justina continuamente se armava. De maneira que, por este mesmo sinal, logo que ele lhe aparecia para a tentar, era obrigado a fugir.

– "Pois e isso assim é, (replicou Cypriano), eu sou bem louco em me não dar ao serviço dum Senhor mais poderoso do que tu. E assim, se o sinal da Cruz em que morreu o Deus dos cristãos te faz fugir, não quero já servir-me dos teus prestigios, antes renuncio inteiramente a todos os teus sortilegios, esperando na bondade do Deus de Justina que haja de me admitir por seu servo."

Irritado então o demonio de perder aquele, por meio do qual fizera tantas conquistas, se apoderou do seu corpo. Porém, (diz S. Gregorio), foi logo obrigado a sair, pela graça de Jesus Cristo, que estava senhor do seu coração. Teve pois Cypriano que suster vigorosos combates contra os inimigos da sua alma; mas o Deus de Justina, a quem ele sempre invocava, lhe valeu com o seu auxilio, e o fez ficar vitorioso.

Concorreu tambem muito para este efeito o seu amigo Eusebio, a quem Cypriano procurou logo, e lhe disse com muitas lagrimas: "Meu grande amigo, chegou para mim o ditoso tempo de reconhecer meus erros e abominaveis desordens, e espero que o teu Deus, que já confesso ser o unico e verdadeiro, me admitirá no gremio dos seus infimos servos, para maior triunfo da sua benigna misericordia."

Muito satisfeito Eusebio por uma tão prodigiosa mudança, abraçou afectuosamente o seu amigo, e lhe deu muitos parabens pela sua heroica resolução, animando-o a confiar sempre na infalivel verdade do purissimo Deus, que nunca desampara aos que sinceramente o procuram. E assim fortificado o venturoso Cypriano, poude resistir com valor a todas as tentações diabolicas.

Para este efeito fazia ele, sem cessar, o signal da Cruz, e tendo sempre nos labios e no coração o sacrosanto nome de Jesus, não cessava de invocar a assistencia da Santissima Virgem. Vendo, pois, os demonios inteiramente frustrados todos os seus artificios, aplicaram o seu esforço maior em o tentar de desesperação, propondo-lhe, com viveza de espirito, estes e outros tais discursos e reflexões:

"Que o Deus dos cristãos era sem duvida o unico Deus verdadeiro, mas que era um Deus de pureza, um Deus que punia com severidade extrema ainda os menores crimes, de que a maior prova eram eles mesmos, que por um só pecado de soberba foram condenados a uma pena extrema. Em cujo, suposto, como haveria perdão para ele, que pelo numero e gravidade das suas culpas tinha já um logar preparado no mais profundo do inferno. E que portanto não tendo misericordia que esperar, cuidasse unicamente em se divertir, satisfazendo à redea larga todas as paixões da sua vida."

Na verdade, esta tentação veemente, poz em grande perigo a salvação de Cypriano. Mas o amigo Eusebio, a quem ele o referiu, o animou e consolou, propondo-lhe com eficacia benigna misericordia com que Deus recebe e generosamente perdôa aos pecadores arrependidos, por maior que sejam os seus pecados. Depois o mesmo Eusebio o conduziu à assembléa dos fieis, aonde se admittiam as pessoas que desejavam instruir-se em tão luminosos misterios.

Afirma o proprio S. Cypriano. no livro da sua *Confissão*, que a vista do respeito e piedade de que estavam peneirados os fieis, adorando ao verdadeiro Deus, o tocou no coração. Diz ele: "Eu vi cantar naquele côro os louvores de Deus e tremular cada verso dos psalmos com a palavra hebraica *Alleluia*; tudo com atenção tão respeitosa e com tão suave harmonia, que me parecia estar entre os anjos ou entre os homens celestes."

No fim da função admiraram-se os assistentes de que um tal presbito, como era Eusebio, introduzisse a Cypriano naquele congresso. E o mesmo bispo, que estava presidindo, muito mais o estranhou: porque não julgava sincera a conversão de Cypriano. Porém, ele, dissipou logo essas duvidas, queimando na presença de todos, os seus livros de mágica, e introduzindo-se no numero dos catecumenos, depois de haver distribuido todos os seus bens aos pobres.

Instruido, pois, Cypriano, e com suficiente disposição, o bispo o baptisou, e juntamente a Aglaide, apaixonado de Justina, que arrependido da sua loucura, quiz emendar a vida e seguir a fé verdadeira. Tocada Justina destes dois exemplos da divina misericordia, cortou os seus cabelos em sinal de sacrificio que fazia a Deus da sua virgindade, e repartiu também pelos pobres todos os bens que possuia.

Cypriano, depois disto, fez maravilhosos progressos nos caminhos do Senhor: a sua vida ordinaria foi um perene exercicio na mais rigorosa penitencia. Via-se muitas vezes na egreja, prostrado por terra, com a cabeça coberta de cinzas rogando a todos os fieis que implorassem para ele a divina misericordia. E para mais se humilhar e suprimir a antiga soberba, obteve à força de muitos rogos, que lhe desse o emprego de varredor da egreja.

Ele morava em companhia do presbito Eusebio, a quem venerou sempre como a seu pai espiritual. E o divino Senhor, que se digna ostentar os tesouros da sua clemencia sobre as almas humildes e sobre os grandes pecadores, verdadeiramente convertidos, lhe concedeu a graça de obrar milagres. Isto junto à sua natural eloquencia, concorreu muito para converter à fé um grande numero de idolatras, servindo-se para isso do famoso escrito da sua *Confissão*, na qual, fazendo publicos os seus crimes e enormes excessos, animava a confiança, não só dos fieis, mas dos maiores pecadores.

Entretanto o nome de S. Cypriano, o seu zelo, e as numerosas conquistas que fazia para o reino de Jesus Cristo não podiam ser ignorados do imperador Diocleciano, que então se achava em Nicomedia, informado das maravilhas que obrava S. Cypriano, e da perfeita santidade da virgem Justina, passou ordem para serem presos, o que logo executou o juiz Entolmo, governador da Phenicia.

Conduzidos, pois, à presença deste juiz, responderam com tanta generosidade e confessaram com tanta eficacia a fé de Jesus Cristo, que pouco faltou converterem o impio barbaro. Mas, para que não se julgasse que elle favorecia os cristãos, mandou logo açoutar com duas cordas, a santa Justina, e despedaçar com pentes de ferro as carnes de S. Cypriano, tudo com tamanha crueldade que até aos mesmos pagãos causou horror?

Vendo, então, o tirano que nem promessas nem ameaças, nem aquele rigoroso suplicio, nada abatia a firme constancia dos generosos martires, mandou lançar cada um em uma grande caldeira cheia de pez, de banha e cera a ferver. Mas, o prazer e a satisfação que se admirava no rosto e nas palavras dos martires, davam bem a conhecer que nada padeciam com aquele tormento. E o caso é, que até se percebia que o mesmo fogo que estava debaixo das caldeiras, não tinha o minimo calor.

O que visto por um sacerdote dos idolos, grande feiticeiro, chamado Athanasio (que algum tempo fôra discipulo do mesmo Cypriano), e julgando que todos aqueles prodigios procediam dos sortilegios do seu amigo mestre, e querendo ganhar nome e reputação maior entre o povo, invocou os demonios com as suas cerimonias magicas e se lançou deliberadamente na mesma caldeira donde Cypriano foi extrahido. Porém, logo perdeu a vida, e se lhe despegou a carne dos ossos.

Produziu este facto um novo esplendor às maravilhas do nosso santo, e esteve para naquella cidade um grande motim em seu favor. Intimado, pois, o juiz, tomou o partido de enviar os martires a Diocleciano, que estava por esse tempo em Nicomedia, informando-o, por escrito, de tudo o que se havia passado. Lida que foi a carta do governador, mandou Diocleciano que sem mais formalidades dos processos do costume, fossem degolados Cypriano e Justina; o que se executou no dia 26 de setembro, nas margens do rio Gallo, que passa pelo meio da referida cidade.

E chegando naquela ocasião um bom cristão chamado Theotisto, a falar em segredo a S. Cypriano foi Theotisto condenado logo a ser tambem degolado. Era este venturoso homem um marinheiro que vindo das costas da Toscana desembarcara proximo de Bythinio. Os seus companheiros, que eram todos cristãos, tendo noticia daquele sucesso, vieram de noite aprender os corpos dos tres martires e os conduziram a Roma, aonde estiveram ocultos em casa de uma pia senhora, até que no tempo de Constantino, o Magno, foram transladados para a basilica de S. João de Latrão.

REFLEXÕES DOUTRINAES

O grande padre da igreja S. Gregorio Nazianzeno, elogiando em uma das suas melhores orações os dois santos martyres, Cypriano e Justina, convida não só as virgens, senão tambem as casadas, a que imitem aquela santa no glorioso esforço que observou nos seus combates. Diz o santo doutor: "Vendo ela furiosamente acometido o candor da sua pureza, pelos impulsos dos homens lascivos e sugestões dos demonios impuros, recorreu às armas da oração e mortificação, macerando o corpo com jejuns, e invocando com fervor e humildade o auxilio do seu celeste esposo, e o poderoso patrocinio da santissima virgem.

Valham-se, pois, das mesmas armas quando se virem tentadas pelo poder das trevas. E o Senhor, certamente, as defenderá, para que não só não fiquem vencidas, senão ainda com maior merito e com a prometida corôa a quem se porte com valor na batalha. E por fim, conclue o santo doutor, propondo a conversão admiravel de S. Cypriano, extraido do profundo abismo da iniquidade, para que anime e sirva de conforto aos pecadores (por mais oprimidos que se vejam de inumeraveis e enormes culpas), para confiarem sempre na divina misericordia, que excede infinitamente a todos os pecados dos homens, e pode, por virtude da sua graça, abrandar os corações mais duros: e reduzindo-os logo ao exercício de uma sincera penitencia, eleva-los depois, a um eminentissimo grau de eterna gloria.

CIPRIANO E JUSTINA

Do Relato Oral à Legenda Cristã dos Martirológios

Os textos mais freqüentes que reproduzem a legenda trazem a seguinte seqüência: nasce Cipriano; seus pais o destinam aos estudos mágicos; viaja para a Babilônia para aprender astrologia judiciária; estuda artes mágicas e estabelece um estreito comércio com os demônios; leva uma vida impura e escandalosa; tem em Eusébio um companheiro cristão; vale-se do engenho infernal; vive em Antioquia uma donzela rica e bela, de nome Justina; criada na paganismo mas converte-se, bem como a seus pais; torna-se perfeita esposa de Cristo a quem consagra a virgindade. Aglaide, pobre mancebo, apaixona-se por ela; pede por isso a interferência de Cipriano. Cipriano tenta artes diabólicas para vencer a donzela; prevalecem a pureza e a castidade da donzela, apesar das múltiplas transformações e artes mágicas de Cipriano e do demônio; realizam-se diálogos dela com o demônio; também de Cipriano com o demônio que, vencido, confessa a superioridade de Deus; afirma-se o poder do sinal da cruz; Cipriano reconhece os seus erros; a conversão é feita por Eusébio e ele entra na congregação cristã; queima os livros de magia; Cipriano é batizado juntamente

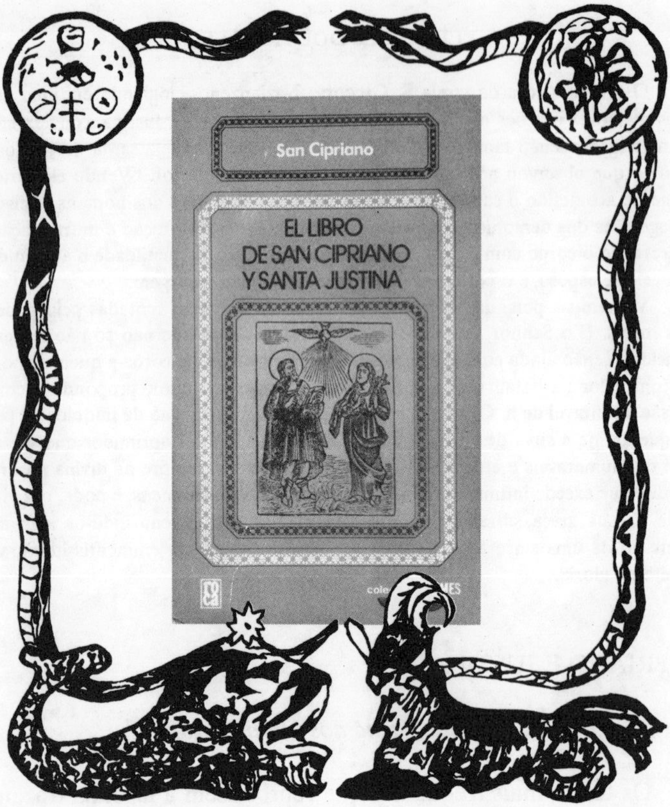
San Cipriano
EL LIBRO
DE SAN CIPRIANO
Y SANTA JUSTINA

com Aglaide; Justina corta os cabelos e distribui seus bens; Cipriano passa a levar vida e exercício de penitência; aceita os serviços mais humildes e torna-se varredor da igreja; faz-se conhecido como cristão; é preso junto com Justina por ordem do imperador Diocleciano; são castigados e supliciados; são sujeitos a martírio: pentes de ferro rasgam suas carnes; são colocados em caldeiras de piche fervente; resistem e são degolados à margem do rio onde são deixados; cristãos resgatam os corpos dos três mártires e os conduzem a Roma; os corpos permanecem ocultos em casa de pia senhora; são trasladados depois à Basílica de São João de Latrão.

Nos vários textos há uma ou outra mudança que não chega a alterar a estrutura do relato. Charles Dédéyan[58] divide estas legendas em ocidentais e orientais, sendo que nas orientais Aglaides, o outro pretendente a Justina, desaparece e Cipriano evoca o demônio por ele mesmo, e não por causa da paixão de Aglaides, exceto na versão de Pedro de Ribadaneyra, que segue a tendência oriental. Quanto às transformações, elas estão muito presentes neste enredo. Para vencer a donzela o demônio se transforma em mulher e introduz-se no leito de Justina.

Freud apresenta[59] um documento do século XVII, em que um pintor, desconfiando de seus dotes artísticos e da possibilidade de subsistir com seu trabalho, em profunda depressão, pactua com o demônio. O pintor teria escrito de seu próprio cunho dois pactos, um com tinta e outro com sangue, ao modo daqueles que encontramos hoje descritos nestes livros populares de São Cipriano, principalmente os mexicanos, onde se dá grande importância ao pacto e à sua escritura. Aqui nos interessa, de perto, o modo pelo qual são apresentadas as transformações do diabo. A primeira aparição do demo comentada por Freud é a de um honrado burguês de idade madura e de barba negra, capa vermelha e chapéu negro, um bastão na mão direita e um cão negra do lado. Logo esta aparência se faz mais espantosa, pois se mostram como atributos do demônio: cornos, garras e asas de morcego e um pênis em forma de serpente; mas dá-se a transformação em mulher e aparecem os seios. Por último, na capela, seria a vez de surgir em forma de dragão alado.

---

58. *Le thème du Faust dans la Littérature Europèenne*, de Charles Dédeyan, Paris, Lettres Modernes, 1958, vol. 1.

59. Ver "Una Neurosis Demoníaca en el siglo XVII", *Obras Completas de Sigmundo Freud*, Madrid, Ed. Biblioteca Nueva, 1973, t. III, pp. 2277-96.

O pintor deixaria desenhos retratando o pacto, que teriam sido copiados pelos monges produtores do manuscrito, que afinal dá conta de como o pintor teria sido salvo pela Virgem Maria.

Todas estas estórias se aproximam e têm componentes comuns, que se reestruturam continuamente, e vão passando do oral ao escrito, do popular ao "culto", ao popular...

Instrumentos em Ação

Seguindo a matriz do núcleo narrativo Cipriano-Justina, pode-se, ao modo de Propp[60], construir um modelo, a partir da reunião com outras narrativas do gênero, retiradas de recolhas de martirológios, como a *Legenda Dourada* ou o *Flos Sanctorum* ou mesmo do conjunto de estórias do "demônio logrado" ou de narrativas fáusticas. Diante da noção de sistema e sabendo que de um corpo de estórias de conversão e martírio deve-se chegar a uma conclusão deste tipo: "Todos os relatos de pacto, conversão e martírio, têm/não têm a mesma estrutura", podendo-se alcançar se o de Cipriano e Justina corresponde ou não àquele modelo. De nada nos serviria porém utilizar apenas o esquema do mestre russo, que é voltado especificamente para os contos de magia. O trabalho a ser feito consistiria em trazer uma nova proposta para a leitura estrutural das narrativas do martirológio, uma experiência que pode continuar, com proveito, as do pioneiro H. Delehaye[61], implicando uma escolha segura e representativa deste universo narrativo.

Quanto a seguir as ligeiras modificações que vai sofrendo, através dos tempos, a estória de Cipriano e Justina, nas suas versões e variantes, isto nos levaria a um estudo de sociologia do texto ou a um acompanhamento estilístico e lúdico das sutis transformações trazidas a ela por diversos narradores.

Por sua vez, o recurso ao tradicional *Índice de Motivos* de Aarne e Thompson[62] nos levará a constatar que, em cada uma das

---

60. Inúmeros estudos universitários foram feitos, a partir da proposta de modelo trazida pela *Morfologia do Conto*, ver Prefácio de Boris Schnaiderman à edição brasileira, Rio, Forense, 1985.

61. Há uma ampla bibliografia alemã, a ser consultada, a partir das próprias indicações do bollandista belga.

62. O *Índice de Motivos* de Aarne e Thompson é um instrumento básico para quem trabalha com textos populares ou narrativa. Ver "Afanassiev et Propp" de Claude Bremond e Jean Verrier, *Littérature* 45:61-78, Paris, 1988. Neste trabalho se comenta a importância de Aarne e Thompson, criticado mas utilizado por intelectuais e pesquisadores.

situações encontradas no *Livro de São Cipriano*, e não apenas no miolo legendário mas no que chamei de "composto", está registrada a presença de motivos narrativos muito antigos. O próprio objetivo deste catálogo é oferecer uma classificação de elementos constantes, presentes em contos, baladas, romances medievais, *exempla, fabliaux* etc., mostrando-nos claramente como há um universo pelo qual transitam as mesmas situações.

Como, por exemplo, num acompanhamento inicial localizam-se, com muita facilidade, os recursos da sedução, como aquela de Justina, ou seja, em torno disso os seguintes motivos amor induzido por um mago (MD 1900-T 580) ou formas de sedução e de induzir amor (MD 1905). Assim, o casal Cipriano-Justina está previsto, enquanto dupla de personagens prototipadas, merecendo, nas classificações de temas e motivos populares, a denominação de herói-casal.[63]

A sedução da mulher é um dos esteios destas narrativas (A.T. 658) e aí tem um lugar proeminente a situação de combate entre o amante e a donzela (A.T.615.3). Encontram-se repertoriadas muitas transformações, entre as quais aquela de homem em pássaro (ATD 150); quanto à castidade e à preservação da mulher casta com poderes especiais (D 1714 T 300), estão os efeitos do sinal da cruz em que os agentes do mal se tornam sem força. Também são previstos os poderes do diabo e a aquisição e conhecimento através dele (L721.1.D I 8102); vêm junto as tempestades produzidas, a partir de se evocarem os espíritos do mal. Situação muito presente na cena popular (D 2141.01 ou 2141.0.3).

O próprio *Livro de São Cipriano* enquanto objeto mágico (Ciprianus I, 166 b) está bem demarcado no índice, como também os *Livros de Salomão*, personagem que comparece como o mestre dos mágicos, remetendo-se para todo um conjunto de livros populares sobre o tema.

Passando a examinar a máquina do relato, destacam-se alguns eixos:

A invisibilidade mágica (D 1980 T 306), a invisibilidade dos deuses e dos santos (V. 220.1981.2). Estão codificados (D 1985) os meios de adquirir invisibilidade, sendo que há duas formas, seja por feridas, escarificação ou por receber fórmulas. Conta-se também com a obtenção da invisibilidade por recitar fórmulas de trás para a frente.

---

63. Ver "Ehe", por Lutz Rörich, *Enzyklopaedie des Märchen*, ed. cit., pp. 1024-42.

A invulnerabilidade mágica (DI 1840.1), aquela mesma que buscavam os cangaceiros e perseguidos, é também a invulnerabilidade dos santos, a saírem das provas sempre ilesos. Aparecem conjugadas provas de ordálio em que o herói ou o santo, em vez de perecer, se beatifica, depois de ser cozido ou fervido em caldeirão (M 1865.2).

Portanto, depois destes exemplos, podemos avançar por agora, comprovando o quanto este conjunto contido no *Livro de São Cipriano* se liga a rituais preservados, a antigos mundos de crenças, ao conto popular que se conserva, na grande matriz da memória popular de diferentes tempos e espaços.

3. Difusão da Legenda

TEXTOS ATRIBUÍDOS A SÃO CIPRIANO

Na complicada questão da textologia hagiográfica, que envolve os Ciprianos em suas gravações, entre o canônico e o apócrifo, é difícil falar em legítimo ou em confiável. A princípio, fica-se aturdido pela soma de informações contraditórias. As muitas obras de referência que trazem verbetes ou artigos vão falando de textos de São Cipriano de Antioquia, e apontando, unanimemente, uma *Confissão* como eixo de tudo, e que iria ser o gérmen de futuras narrativas. Note-se que esta peça é atribuída ao santo-bruxo, como sendo de seu próprio punho. Fala-se também de uma *vida* escrita por ele, e que tanto pode se referir a São Cipriano de Cartago como a uma "vida" que sabemos escrita sobre ele. Menciona-se também com freqüência um "monumento tríplice": *Conversão, Confissão, Paixão* indicados por Delehaye[1] e pela Patrologia[2] como escritos responsáveis pela realização e transmissão das estórias de Cipriano e de sua parceira Justina. Passa-se a saber que a *Conversão* se compõe de fragmentos e se liga como antecedente ao texto central e mais importante que é a *Confissão*, a

---

1. Ver de Hippolyte Delehaye as seguintes obras: "Cyprien d'Antioche et Cyprian de Carthage", *Analecta Bolandiana*, t. XXXVIII, Paris, 1920; *Legends of the Saints*, London, Chapman, 1962; "Les Passions des Martyrs et les genres littéraires", *Studia Hagiographica* nº 13 B, Bruxelles, 1966.

2. J. Migne, *Patrologia*, Paris, 1844, t. III, p. 278.

que se viria juntar ainda a *Paixão*, que é propriamente o relato dos tormentos e das torturas dos mártires. Comenta o bollandista, comparando-os, e menciona, em detalhes, os procedimentos desta obra, cuja data estabelece como sendo do século V, e portanto, fora do período de existência atribuído ao santo. Cita inúmeras fontes gregas e latinas, fazendo um minucioso estudo de alguns depoimentos sobre São Cipriano e seu núcleo legendário, abonando tudo isto com citações minuciosas.

Enquanto gênero, fica-se diante de uma tendência de época, uma voga confirmada por estes textos, quando se sabe que a *Paixão*, que compreende dois tipos diferentes, atas do tempo das perseguições ou produtos literários tardios, foi então muito cultivada. No século IV o culto religioso cristão, em pleno florescimento, daria lugar a um grande número de *paixões*, todas elas de caráter lendário. Mas, em geral, não se dá a mínima indicação dos textos da *Conversão, Confissão* ou *Paixão* a que se teve acesso. Não há nenhuma referência material, nem mesmo uma pista que pareça levar dos manuscritos ao impresso. O que ocorre é algo como se estes textos estivessem recortados, sem conexões terrenas ou como se o leitor devesse conhecer atas ou manuscritos originais. Foi por acaso que descobri uma *Confissão*[3] em grego e em latim, e que nos conduz ao prototexto da legenda de São Cipriano, uma peça de caráter fortemente literário, como se verá.

Já na *Patrologia* consideram-se estas peças como de São Cipriano de Antioquia, dizendo-se que ele não foi um personagem inventado (*non esse hominem fabulosum*). Situa-se a proveniência dos textos da *Paixão* e da *Confissão*, a partir de um antigo códice *Santo Andoeni Rhotomagensis*, e editados a partir dos eruditos D. Edmundo Artene e Ursinus Durand, no *Thesauri Anedoctorum*[4]. Abona-se completamente a existência concreta de Cipriano e Justina, como mártires da Nicomédia, sob Diocleciano e Maximiano em 304 d.C. Encontra-se também referido que S. Adelmo cantava, em poesia, aquele Cipriano que era de Antioquia e versado em artes mágicas: "Doctus in horrenda sceleratorum arte magorum" e o fato importante de ter Metaphrastes[5], em sua narração grega, atestado a existência do santo.

É muito grande a riqueza do material de referência, que se vai encontrando: às vezes o verbetista nem conhece aquilo de que

---

3. "Confessio sive Poenitentia", *Opera*, S. Caecili, t. III, Wiceburg, 1782.

4. Os *Tesouros de Anedotas* são na *Patrologia* e em outros textos da Igreja escolhas de casos e episódios.

5. Blampignon, *De Sancto Cypriano*, Paris, 1861, Cap. V.

está falando, em outras nos remete a pistas seguras que podem levar a importantes descobertas. Pode suceder que o item, o verbete, o capítulo, sejam um completo *non sense*, e até por isso mesmo, terminam por oferecer dados importantes e inesperados.

Lembro-me, no início da recolha de material, do verbete de uma enciclopédia portuguesa[6] que era um disparate completo, mas que me levou a tanta coisa indispensável: dos textos de Leite de Vasconcellos sobre o assunto, a pensar nas questões da Inquisição, a procurar saber da localização de exemplares, abrindo frentes para se refletir sobre os nexos entre o *Livro de São Cipriano* e as perseguições religiosas.

Há no entanto sérias tentativas de explicação das origens textuais, como aquela a que procede Goodspeed[7], trazendo-nos algumas informações que dão conta do percurso e difusão da legenda:

"A história de Cipriano e Justa ou Justina tem sido conhecida há muito e publicada em grego e latim, siríaco e arábico." Originalmente em grego, teria o martírio passado para o latim, siríaco, arábico e etíope, e foi publicado em siríaco por P. Bedjan, a partir de um manuscrito de Berlim, seguindo-se toda uma relação de versões e códices, palimpsestos etc., numa rede interminável.

Vem então uma referência concreta e detalhada ao texto composto pela Imperatriz Eudóxia[8], que Photius apresentou numa versão concisa em sua *Biblioteca*, e que parece ter tido grande papel na difusão da história de São Cipriano e sua possível datação, sendo usada para abonar a veracidade do que se contou. Trata-se de um poema grego, escrito pela Imperatriz de Bizâncio, sobre o qual recai um fecundo lendário, e traduzido para o latim, sendo a edição bilíngüe com prefácio de Angelo Bandini, recheado de comentários sugestivos e moralizantes. Diz-se aí que é este o livro primeiro e segundo do *Martírio de São Cipriano* e que a

---

6. Verbete "São Cipriano" da *Enciclopédia Portuguesa e Brasileira*, Lisboa, Rio, s/d, vol. 6.
7. Edgard J. Goodspeed, "The Martyrdom of Cyprian and Justa", *Historical and Linguistic Studies*, Chicago, University Press, 1903, p. 54.
8. Eudociae Augustae in *Miscelanea de Graecae Ecclesiae Monumenta ex Biblioteca Medicea*, t. 1, Roma, s/d.; "Athenais", *Meyer Lexikon*, Leipzig, Bibliographischer Institut, 1924, 1º vol.; "Eudoxia", *Nouvelle Biographie Générale depuis les temps plus réculés*, Paris, Firmin Didot, 1856, t. XVI, pp. 674-75; "Eudossia", *Enciclopedia Cattolica*, Firenze, 1949, 5º vol. Escrevi e publiquei no *Nicolau* um texto, "Eudóxia de Bizâncio, Imperatriz-poeta, autor e personagem", onde aproximo história e ficção, e distingo traços da popular Donzela Teodora. *Nicolau*, Secretaria de Cultura do Paraná, nº 16, Curitiba, 1988.

imperatriz e autora é filha de Leôncio, filósofo ateniense, e se casou com Teodósio, o jovem imperador.

Conta-se que ela foi para Jerusalém e que caiu sob as suspeitas do Imperador, porque, além de envolver-se de fato com as escritoras sacras e meditar sobre elas (coisa incompatível naturalmente com as atividades de uma mulher), exerceu atividade poética. Finalmente, voltou às boas graças do Imperador e marido, passando a viver em paz.

Sente-se pela leitura do texto em verso de Eudóxia o mesmo prazer da narração de que já se falou, o gosto de contar a estória que tem como personagens os dois santos, aquela narratividade sempre pronta a realizar-se no enredo hagiográfico, o prazer erótico de narrar o prazer de Cipriano.

Tudo isto nos coloca diante de uma sucessão de experiência, que alimentam e fazem o prosseguimento desta legenda que perpassa, durante séculos, diversos planos de oralidade e escritura, conduzindo um sentido que permanece até hoje em nossos livros populares.

A Confissão

Confissão literária é o nome que se dá às *Memórias*, que declaram com franqueza absoluta os atos de uma vida. Entre as mais famosas está a de Santo Agostinho[9], que se relaciona diretamente com a de São Cipriano, formando uma verdadeira matriz narrativa, facilmente apreensível. São enumerados os vários passos da educação à aprendizagem, o risco das paixões, o arrependimento dos pecados.

Como gênero[10], encontra-se desde os egípcios, e *O Livro dos Mortos* entre outros apresenta um grande número de *Confissões*. Elas tomam uma forma negativa, expondo as faltas, que o próprio morto pode não ter cometido, mas há ritualizado todo o exercício de enumerá-las.

Conforme se vai percebendo, a Confissão cristã reteve estes diversos elementos provenientes do judaísmo: a própria confissão, reparação, sacrifício e perdão de Deus. É exatamente nesta seqüência, com todos os componentes da oratória, que se desen-

---

9. Ver *Confissões* de Santo Agostinho. Trad. J. Oliveira Santos e Ambrósio de Pina (jesuítas). São Paulo, Ed. Abril, 1973. Col. Os Pensadores.

10. "Confession", *Ensayo de un Diccionario de Literatura*, Madrid, Aguilar, 1965, t. I, p. 213 e *Dictionnaire des Symboles*, org. Chevalier et Gheebrandt, Paris, 1973, vol. 2.

volve o texto atribuído a São Cipriano e sobre o qual há muita literatura. Quanto à *Confissão* de São Cipriano, diz um autor que estudou os apócrifos etíopes[11], que o texto grego foi acrescentado por Maran à edição das obras de São Cipriano feita por Baluze (Paris, 1726), e que esta obra é anterior ao século V ou data dos primeiros anos deste século, porque foi inclusive utilizada pela Imperatriz Eudóxia, como fonte para o seu poema em três cantos.

Informa que o teor das versões, em geral, é um sumário muito abreviado da primeira parte da *Confissão* e que elas se detêm quando começa a questão Justina, o problema da sedução da donzela. A partir desta passagem, inicia-se uma prece em que os nomes dos mágicos empregados freqüentemente nas peças gnósticas são substituídas pelas personagens do Antigo e do Novo Testamento e pela própria legenda dos Santos.

Diz também que, enquanto a versão árabe traz um texto seguido, a etíope reúne coisas estranhas ao assunto (água benta, schabat etc.) que, segundo ele, são obra de um tradutor ou de um copista distraído; além disso, ela termina bruscamente, podendo-se admitir que, como indica a versão árabe, esta foi traduzida do original grego, composta a partir da primeira parte da *Confissão*, à qual se juntou uma prece contra malefícios, análoga pelas idéias e pela composição a uma das preces atribuídas a Cipriano de Antioquia. A versão árabe teria sido traduzida entre os séculos XIV e XV.

Tudo isto nos leva mais uma vez a ver como é amplo o processo de composição, como se difunde e espalha o texto ou os textos que formam o *São Cipriano*, à riqueza cultural dos trânsitos e adaptações, que vão se processando, dos intertextos a cada novo produto gerado.

O texto da *Confissão* (ou Penitência) está muito bem realizado e apresenta ao novo leitor grandes atrativos. O autor começa com uma exortação para que se recebam suas lágrimas. Joga o tempo todo com o ouvinte virtual, utilizando técnicas do monólogo e sua "ocupação"[12], a garantia de que alguém como ouvinte e juiz processará a narrativa. Procede como Guimarães Rosa no *Grande Sertão: Veredas*, e não é apenas nesta passagem que cabe uma aproximação que é aqui apenas um comentário.

Na *Confissão* o autor, convertido em São Cipriano, diz dos seus estudos, de sua ida para o Egito e o seu conhecimento de

---

11. *Apócrifos Etíopes*, traduzidos por René Basset, ed. cit.
12. Ver Tomachevski, "Thématique", *Théorie de la Littérature*, Paris, Seuil, 1965.

coisas diabólicas, sendo que o processo da construção literária vai se tornando cada vez mais denso: – "Vi também a terra marcada pelo vento".

O texto, se lido em voz alta, tem a sonoridade que aponta para um futuro barroco, e assim nas anáforas que vão fazendo presentes, os erros cometidos pelo confessante: "Vi todas as formas do vício, vi a comunicação dos demônios com os dragos". Conta também sua ida a Caldéia e de como conhece os astros, continuando em suas investidas persuasivas: "Acreditai-me, vi o próprio diabo, acreditai-me, fui abraçado por ele e com ele falei". Faz-se seguir um belo trecho em que diz que todos nós temos em nosso espírito todas as formas de memória dos mortos. Ao aparecer o caso de Justina, diz que não só Aglaides ficou apaixonado pela donzela, mas "eu mesmo sofri os acidentes desta paixão". Sempre muito bem construída é a seqüência em que narra como o diabo foi vencido por Cristo, e se chama aquele de "artífice de perniciosas fraudes".

Os detalhes da maldade, do autopunir-se remetem à *Confissão* enquanto gênero, e se projetam em inúmeros textos e elaborações posteriores. Encontram-se em livros apologéticos de edificação cristã, hoje[13], detalhes indeléveis desta *Confissão*: "fiz muitas coisas impiedosas, estupros, mortes de lactentes, a uns sufoquei a outros estrangulei, com o prometido auxílio dos dragos..." Confessa-se e acusa-se como máquina de improbidades e então caminha o texto para envolver cada vez mais o leitor, que vai se comprometendo nesta escuta, quase um compromisso: "dizei-me, amigos, o que faço, o que sigo?"

Há uma preparação dramática para a conversão, em que o "dizei-me, amigos", é a repetição mais constante, o elemento mais aliciador, concluindo por fim: "Não apenas pereci sozinho, não me dei ao abismo a mim mesmo, mas arrastei os outros comigo." E aqui, de repente, começa o texto de uma oração, que é a corrente nos livros de São Cipriano, impreterivelmente, a mencionada *Oração de São Cipriano*.

É fácil entender as razões da permanência de um texto como o da *Confissão*, atuando sobre composições futuras a serem criadas sobre a história do mago. Além de bem construído e proporcionado, ele se faz um pólo para onde tudo conflui, e daí se expande. Tem, ainda, a didática do sermão, todo o aliciamento quase hipnótico do ouvinte, adepto, quase converso, serve-se de um

---

13. *Na Luz Perpétua: Leituras Religiosas da Vida dos Santos de Deus*, Juiz de Fora, 1935, vol. II.

discurso persuasivo que caberia, tanto nas práticas de púlpito quanto nos discursos da publicidade, agora.

RELATO E PERSUASÃO

A *Legenda Áurea* ou *Legenda Dourada* é uma recolha de vidas de santos, escrita, a partir de uma tradição do relato popular e do martirológio cristão, pelo monge dominicano e Arcebispo de Gênova, Jacopo da Voragine, por volta de 1300. Foi um texto que teve incontáveis edições, publicado em inglês em 1483 como *Golden legend* e na França como *Légende Dorée*, contando com inúmeras adaptações, ampliações, numa rede muito profusa de textos. Se não há narrativa inocente, aquela sobre santos é a menos inocente que há, conforme comenta Le Goff[14]. Comprova-se que as recolhas hagiográficas representavam uma das malhas da prodigiosa rede de vulgarização dominicana, estendida por vários autores no começo do século XIII, tendo da *Legenda* merecido acolhida imediata. Consta que seu autor, Voragine ou Varagine, entrou para a Ordem de São Domingos e foi provincial da Lombardia pelo espaço de dezoito anos, tendo feito sua celebridade a partir do texto que era originalmente em latim: *Historia Lombardica Sanctorum*. Daí viria o sucesso e a difusão. Mil manuscritos conservados, setenta a oitenta edições antes de 1500: dos séculos XIII a XV, por exemplo, contaram-se sete versões francesas, sendo inumeráveis as traduções, adaptações e versões ampliadas. Em alemão teve este texto o seu destino especial, destacando-se entre as várias edições uma preparada por Richard Benz; aí Justina entra como santa e Cipriano como feiticeiro (*der Zauberer*). Tardiamente, em latim, encontra-se uma edição alemã da Livraria Arnoldinense de 1866, vista especialmente pelo censor régio, em que não aparece o Cipriano como chamada, mas apenas "De Sancta Justina Virgine".

Trata-se de um texto onipresente, e encontrado até nas pequenas bibliotecas dos lares rurais, na França, no século XIX, conforme se atesta.

Nas *Memórias* de Victor Serge[15] encontra-se um depoimento incrível, que dá conta de como foi intensa essa rede e de como era forte esta sugestão junto ao povo:

---

14. Ver Prefácio de Jacques le Goff ao estudo de Alain Bourreau, *La Légende Dorée*, Paris, Ed. du Cerf, 1984.

15. Victor Serge, *Memórias de um Revolucionário*, São Paulo, Cia. das Letras, 1987.

Maksim Gorki, que no contacto pessoal chamava-se Aleksei Maksimovitch, contou-me estranhos suplícios reinventados para os comissários em aldeias distantes, como aquele que consiste em fazer sair, por uma incisão feita no abdômen, o intestino delgado, enrolando-o lentamente em torno de uma árvore. Ele achava que a tradição do suplício mantinha-se com a leitura da *Lenda Dourada*.

Já foi dito que Voragine pretendeu falar de personagens da história da Igreja e contar acontecimentos dos quais estes foram heróis ou vítimas. Teria uma grande consistência na formulação do imaginário popular a idéia do martírio, sua narração em detalhes, como invariantes míticas ancestrais em que se introduziram variantes locais.

Entre as muitas histórias de vidas e martírios de santos está nesta coletânea a de *Santa Justina e São Cipriano*, narrada como a caracterizar o conflito entre a antiga magia e o cristianismo nascente, de forma dramática. Há quem veja nessas narrativas um ponto de equilíbrio entre a exposição doutrinal e a narração, entre as crenças populares e a ortodoxia religiosa. Para Eliphas Lévi, tão comentada personagem, a narrativa de São Cipriano ali contida é como se fosse um esboço do *Fausto* de Goethe e dos *Mártires* de Chateaubriand. Interessante que, ao organizar suas idéias e formular opiniões sobre o assunto, o estudioso de ocultismo vai se embalando pelo gosto da narrativa em si e vai ele próprio contando a história ao seu modo.

Sabe-se que em toda a parte era lida a *Legenda Dourada*, relato de milagres e de martírios, que eram acolhidos com profunda convicção pelos ouvintes e leitores populares. Em cada passo de suas páginas, encontra-se o diabo disfarçado sob nova forma, procurando pregar uma peça aos servidores de Deus, mas termina sempre por ser vencido. Vê-se na *Legenda Dourada* a semelhança dos episódios e dos capítulos que chegam à equivalência e as personagens representando as instâncias particulares de um tipo universal e temporal, com inúmeras variantes e paralelas. Este corpo narrativo está como que pedindo que se faça um estudo que nos levaria a grandes esclarecimentos quanto aos estudos da narrativa cipriânica e fáustica. Aliás, quanto à literatura sobre legendas e martírios, encontra-se na obra do Pe. Delehaye, e sobretudo em *Os Fazedores de Legendas*, o trabalho de um precursor, e vê-se como estava adiantado para a época o bollandista, que tem tudo a ver com a *Morfologia do Conto* de Vladimir Propp[16]. Encontra-se na *Legenda Dourada* o "retrato-tipo" de vários perso-

---

16. A propósito do sistema narrativo da *Legenda Dourada* é indispensável o estudo de Alain Bourreau, ed. cit.

EL LIBRO DE SAN CIPRIANO
EL TESORO DEL HECHICERO

BIBLIOTECA CIENCIAS OCULTAS

nagens: o mártir, o monge, a virgem, o penitente. Cada estória vai se enriquecendo de traços, mas vai mantendo o núcleo fundamental[17].

Quanto ao martirológio, pode-se aí, na leitura da *Legenda Dourada*, constatar o quanto é procedente a afirmação de que o popular não ama a litote mas, ao contrário, quer que se sublinhe, que se explicite, ama as cores vivas e os contrastes gritantes. As narrativas de martírio, como a *Legenda Dourada*, vão obedecendo a estas necessidades: a construção do espetacular, o horrível, o maravilhoso, como que penetrando em ondas. E é por aí que se vai seguindo a transformação dos símbolos em narrativas de intensa persuasão[18].

Percorrendo estas recolhas, a produção em relato destes materiais, tem-se o fantástico como coisa natural, algo em que se pega e toca, o universo com sua lógica mítica, o território do milagre onde tudo pode suceder, desde que plausível, enquanto narrativa, e que faça crer no que, ordinariamente, não se acredita. Inaugura-se, por exemplo, na *Legenda Dourada* um tipo muito especial de personagem, que aliás já aparece como herói no mundo da saga arturiana. É o santo decapitado, segurando a cabeça com as próprias mãos (o cefalóforo) e levando-a ao lugar do futuro santuário.

Para nós é uma aproximação perturbadora, para aqueles leitores ou ouvintes, tão natural quanto a sua narrativa.

Diz-se que o leitor de hoje não procuraria mais neste texto senão o encanto "dessueto" que se encontra ainda na imaginação popular ou se confessa que o texto é monótono e apenas lido por necessidade de ofício.

Costuma-se ver estas estórias como respondendo a uma divisão que se forma entre a zona luminosa e a das trevas, os bons sem restrição e os maus até a caricatura[19]. Pois é exatamente este tipo de construção que passa da cultura popular para a de massas, fazendo possível, então como agora, prender grandes públicos. Daí a importância de ordálios e de provas de onde os bons saem fortificados e os maus punidos. Há aí a idéia do martírio, tão ao gosto das compensações populares, como nos dias atuais; ali está presente o crime que se conta, o incêndio visto, o acontecimento

---

17. Ver Prefácio de Hervé Savon à *Légende Dorée*, Paris, Garnier-Flammarion, 1967, pp. 1-7.

18. Ver Antonio Marti, *La Preceptiva Retórica Española en el Siglo de Oro*, Madrid, Gredos, 1972.

19. Ver Savon, ed. cit.

fatal que vem colorir o cotidiano sem esperança de algumas pessoas. Aquilo que é constitutivo do popular passa para a indústria cultural, para os jornais sangrentos, para os noticiários de televisão. Todos estes ingredientes já estão na *Legenda Dourada*.

Também no dualismo que marca aquele universo, há um forte movimento, uma passagem permanente; de um mundo a outro, o invisível sempre pronto a tornar-se visível, o afrontamento do céu e inferno, o acesso dos vivos ao mundo dos mortos. Ressalta-se, por outro lado, a importância histórica (mesmo se legendária) porque as estruturas míticas vão resgatando e recuperando detalhes locais, personagens, situações.

A leitura feita agora está muito comprometida com o tema, num todo, mas creio que, estudando cultura popular e sendo leitor de textos medievais, há muito o que descobrir neste conjunto, para além da obrigação de ofício. Há o desafio da variedade de seus invariáveis, sua rica, intensa e atuante narratividade, cujas sendas se abrem. Pensamos na vida e presença de uma estranha epopéia popular, na acumulação paratática e encadeante deste processo narrativo, que nos faz seguir, sem vacilar, a profusão de processos diabólicos, cheio de situações desconcertantes ou inesperadas ou até irritantemente previsíveis.

Há todo um desafio nesta leitura, no confronto entre as nossas noções de possível e aquela que é apresentada; há um desafio na decifração das tensões presentes entre o imposto pelo discurso da Igreja e o já existente e decantado no universo popular; há uma espécie de perplexidade ao seguir esta didática, que se faz narrativa com os componentes de aliciamento que caracteriza a produção dos meios de massa, para os "incautos" receptores de nossos dias.

Existe no entanto quem veja neste texto, em si próprio, poesia e sugestão, afirmando tratar-se de obra verdadeiramente encantadora.

Quanto à *Legenda de Cipriano e Justina*, seu texto é envolvente, e tem alguns detalhes muito especiais, como, por exemplo, as seqüências da sedução, as negociações de Cipriano com o diabo para a conquista de Justina, para a quebra de sua virgindade[20]:

Eu irei, eu a queimarei de uma forte febre e inflamarei seu espírito de todos os meus ardores e despejarei os meus fogos sobre o seu corpo e a tornarei frenética, e eu lhe apresentarei diversos fantasmas e a levarei para você à meia-noite. E o diabo tomou a figura de uma virgem e veio Justina e lhe disse da vir-

---

20. Um dos meus textos de leitura da *Legenda Dourada* é a edição Garnier-Flammarion, s/d, 2 vols.

gindade; em seguida o diabo tomou a figura de um belo jovem homem e se colocou no leito com ela, tentanto beijá-la; ao sinal da cruz, o diabo se fundiu como cera. Depois vieram, por artes do diabo, mortalidades e epidemias para a cidade mas Justina permanecia firme na sua virgindade. No sétimo dia desta mortalidade ela rezou e fez cessar toda a epidemia[21]. E quando o diabo viu que não conseguia nada, se transfigurou sob a forma de Justina, e o quis beijar como se estivesse inflamada de amor por ele. E quando Cipriano saudou Justina o nome fez que o diabo desaparecesse como cera. Isto ainda lhe aumentou mais o amor por Justina. Enfim, depois de mil peripécias e transformações, diz Cipriano ao diabo: "– Ei, você não está vencido? Como o seu poder é fraco, vencido por uma virgem!" O diabo lhe diz então que se ele não se separasse dela lhe mostraria a virtude na qual está sua vitória.

Cipriano, sabendo dos poderes do crucificado, quer se tornar seu amigo, para não merecer o castigo das penas eternas, como o diabo lhe explicaria. "Eu te desprezo assim como a todo o teu poder, que não é senão fumaça e eu renuncio a ti e a todos os diabos, e eu me invisto do signo de salvação do crucificado" e a seqüência do texto nos diz que o diabo fugiu todo *confuso*. E Cipriano assim lhe falou: "Estou certo que a virtude de Jesus Cristo é invencível". Dá-se então aí um encaixe claro num ciclo de contos populares, que se costuma denominar de ciclo do demônio logrado, e que foi o ponto de partida para a série de estudos que aqui se desenvolvem.

O Flos Sanctorum

Todo este mencionado universo está no *Flos Sanctorum*, que é o texto-base para o mundo luso-brasileiro na difusão desta legenda. É um livro muito popular no Sertão. Meu pai, Celso de Carvalho (1901-1986), sempre falou deste livro contando que seu padrinho, o Vigário Cupertino de Lacerda, grande orador sacro da Bahia, não o dispensava e que também o via freqüentemente em mãos de leigos. Câmara Cascudo[22] nos fala da presença atuante deste conjunto de narrativas na tradição popular nordestina.

Trata-se de uma recolha de vidas de santos de acordo com suas datas, estabelecidas pela Igreja, e que teve sucessivas edições. É usado na produção dos livros de São Cipriano, ora como texto ora como menção obrigatória. Diz-se sempre: extraído do *Flos* ou do *Flor Sanctorum*.

---

21. Lembrar a personagem "Geni" da *Ópera do Malandro* de Chico Buarque de Holanda.

22. *História da Literatura Brasileira – Oral*, de Câmara Cascudo, Rio, José Olympio, 1953.

Tive em mãos duas edições muito antigas. A primeira delas preparada pelo Padre Pedro de Ribadeneyra[23], religioso da Companhia de Jesus, traduzida da língua castelhana (*sic*) e que traz no 2º volume a estória de São Cipriano. É assim construído o seu texto segundo os princípios da persuasão barroca:

> Os modos que Deos Nosso Senhor tem para salvar as almas são muitos e maravilhosos: porque dos nossos males tira bens e da peçonha faz triago e da morte vida. Vê-se isto ser verdade em a *Vida e Martírio de São Cipriano*, o qual sendo mago e nigromantico, armando laços, por mãos dos demônios e ministros do inferno, para que caisse em pecado a gloriosa virgem S. Justina foi preso e enlaçado, e se converteo a Christo, e depois foy com ele martyr do Senhor.

Há toda uma precipitação da narrativa e chega a

> "O martyrio destes santos Cypriano e Justina he desta maneira" (...). Havia em a mesma cidade de Antiochia hum grande grande feiticeiro e nigromantico, por nome Cypriano: e este descobrio Agladio, o que pretendia de Justina. (...) Tomou Cypriano a seu cargo a vencer a Justina, a trazê-la à vontade de Agladio. Convocou os demônios, mandou-lhes o que haviam de fazer. Foram huma, duas e trez vezes à Santa; assaltarão-na, combaterão-na, transfiguravão-se em mil formas e figuras e depois de haver usado contra ella todas suas artes e embustes, *ficaram vencidos e corridos*. Porque a Santa donzella favorecida de seu doce esposo Jesus Cristo e armada de oraçam e jejum e especialmente do sinal da Santa Cruz, triunfou deles gloriosamente. Ficou Cypriano assombrado por ver que suas artes tinham tão pouca força e que os mesmos demônios confessavão sua fraqueza, e que não podiam prevalecer contra Justina, por ser christã e estar armada com a virtude, e o poder de Christo crucificado. Daqui entendeo Cypriano que Jesus Christo N. Salvador era Deos e mais poderoso que todos os demônios, a que elle tanto reverenciava, e entrando a luz do ceo em seu coraçom, determinou fazer-se Christam.

Passa daí para a narrativa do martírio e, finalmente o resgate do corpo dos santos e sua transformação em relíquias:

> Certos Christãos hua noite os tomarão e puzerão em hu navio, e os passarão a Roma, adonde primeiro forão sepultados em hua herdade de Rufina, nobre Matrona e depois trasladados à Igreja de S. João de Latrão, adônde ao presente estão juto ao Baptisterio. Celebra a Igreja a festa destes dous santos aos 26 de Set que foi o dia de seu martyrio, imperando Diocleciano e Maximiliano. Escreverão destes santos os martyrologios *Romano*, o *de Beda, Usuardo, Adon* e *Metaphrastes*. Há se de advertir que algus authores gregos confundem este S. Cypriano cõ S. Cypriano, que foi Bispo de Carthago e illustrissimo martyr e eloquentissimo escritor.

Quanto a Pedro de Ribadeneyra, trata-se de um autor ascético espanhol e "magnífico prosista"[24]. Nasceu em 1526 em Toledo,

---

23. *Flos Sanctorum*, por Pedro Ribadeneyra, Lisboa, 1704.

24. Informações de Sainz Robles in *Ensayo de un Diccionario*, Madrid, Aguilar, 1987, t. 3.

morrendo em 1611 em Madrid. Entrou na Companhia de Jesus, era o discípulo predileto de Santo Inácio de Loyola, e em 1542, foi enviado a Paris para completar seus estudos.

Menciona-se entre as obras ascético-morais do autor o *Libro de las Vidas de los Santos* (Madrid, 1599 e 1601) em duas partes, e que tudo indica seja o *Flos Sanctorum*.

Estas informações nos colocam diante de uma aparente contradição: um discípulo de Santo Inácio, um homem de grande importância, culto e oficial, é autor desta compilação tão popular. Mas é preciso lembrar que é esta a vertente jesuítica, e que este projeto narrativo vai combinar com aquele de cruzada e conversão da Companhia de Jesus. O mais interessante é que contracenam nestas recolhas, com fins de prazer narrativo mas de didática dominadora, jesuítas com este texto, e dominicanos com a *Legenda Dourada*, seu instrumento de persuasão. Dois gigantes em confronto para ganhar a "alma popular", a partir de seus próprios gostos e propósitos da catarse e do medo.

Há uma outra versão do *Flos Sanctorum*, denominada *Santuário Doutrinal*[25], que compreende o extrato e relação dos mistérios e festas e das vidas e obras dos mártires, por Francisco de Jesus Maria Sarmento. Aí se diz que as notícias mais certas das suas ações e do seu martírio são extraídas de um escrito do mesmo santo (intitulado *Confissão*) e da oração de S. Gregório Nazianzeno em seu louvor, além de outros escritores antigos, que se podem ver em Tillemont.

O texto desta versão é bem diferente da versão do Pe. Ribadeneyra[26].

Cypriano, denominado feiticeiro, para distinguir-se do célebre Cypriano, Bispo de Carthago, nasceu em Antiochia, situado entre Syria e Arabia, pertencente ao reino de Phenicia. Seus pais idolatras e providos de copiosas riquezas, vendo que a natureza o dotara de talentos proprios para conciliar a estimação dos homens o detiverão para o serviço de falsas divindades, fazendo-os instruir em toda a ciência dos sacrificios, que se ofereciam aos ídolos, de modo que ninguem como elle tinha um tão profundo conhecimento dos profanos mistérios do bárbaro gentilismo. Na idade de 30 anos fez elle uma viagem ao paíz da Babylonia para aprender a astrologia judiciaria e os mysterios mais recônditos dos supersticiosos caldeus. E sobre a grave culpa de empregar em taes estudos o tempo que lhe era concedido para conhecer, e seguir a verdade: aumentou Cypriano a sua malicia e sua iniquidade, quando se deu inteiramente ao estudo da mágica para conseguir, por meio desta arte abominavel hum estreito comercio com os demônios; praticando ao mesmo passo uma vida impura, e absolutamente escandalosa.

---

25. *Flos Sanctorum* ou *Santuário Doutrinal*, por Francisco de Jesu Maria Sarmento, Lisboa, 1818.

26. Na versão do Pe. Francisco de Jesu Sarmento, ed. cit.

Conta como ele vivia em pecado e como Eusebio tentava dissuadi-lo e como Justina "não menos rica do que bella – renunciou às extravagancias gentilicas e abraçando a fé catholica converteo pouco depois aos seus proprios pais".

Segue-se a estória de que Cipriano estava invocando o diabo para perder Justina e este lhe confessou que nada podia contra o sinal da cruz. Há uma elaboração muito requintada no discurso do diabo:

> Elle para este effeito trazia sem cessar o signal da cruz; e tendo sempre na boca e no coração o sacrossanto nome de Jesus não cessava de invocar a assistencia da Santissima Virgem. Vendo pois os demônios inteiramente frustrados todos os seus artifícios, applicarão o seu esforço maior em o tentar de desesperação, propondo-lhe com vivacidade estes e outros taes discursos e reflexões: – Que o Deos dos christãos era sem duvida o unico deos verdadeiro mas que era hum Deos de pureza; hum Deos que punia com severidade extrema, ainda os menores crimes, de que a maior prova erão elles mesmos; que por hum só pecado de soberba forão condenados a huma eterna pena, em cujo suposto, como haveria perdão para elle; que pello numero e gravidade das suas culpas tinha já hum lugar preparado no mais profundo do Inferno. E que portanto, não tendo Misericórdia que esperar, cuidasse unicamente em se divertir satisfazendo à redea larga todas as paixões na sua vida. E atesta São Cipriano, no Livro de sua Confissão (p. 329) que a vista do respeito e piedade de que estavão penetrados os fieis adorando o verdadeiro Deos, o tocou vivamente no coração.
>
> Eu vi [diz ele mesmo] cantar naquelle coro os louvores de Deos, e terminar cada verso dos psalmos com a palavra hebraica Alleluia: tudo com attenção tão respeitosa, e com tão suave harmonia que, parecia estar entre os anjos ou entre huns homens celestes.

No processo de sua conversão, Cipriano queimou na presença de todos seus livros de mágica e introduzindo-se em o número dos catecúmenos, depois de haver distribuído todos os seus bens aos pobres.

> Cipriano depois disto fez maravilhosos progressos nos caminhos do Senhor. A sua vida ordinaria foi hum perenne exercicio da mais rigorosa penitencia. Via-se às vezes à porta da Igreja prostrado por terra com a cabeça coberta de cinza, rogando a todos os fieis que implorassem por elle a divina Misericordia. E mais para se humilhar e suprimir a sua antiga soberba, obteve à força de muitos rogos que se lhe desse *o emprego de varredor da Igreja*.
> Elle morava em companha do Presbytero Eusebio a quem venerou sempre, como a seu padre espiritual. E o divino senhor, que se digne de ostentar os thesouros da sua clemencia sobre as *almas humildes* e sobre os grandes peccadores, verdadeiramente convertidos lhe concedeo a graça de obras milagrosas.

Vai-se percebendo como o *Livro de São Cipriano* se engasta na tradição de Vidas de Santos, da *Legenda Dourada* ao *Flos Sanctorum*, e que o eixo principal das narrativas se constrói em torno das idéias de *martírio* e *conversão*.

Estas recolhas são tão oficiais que, entre as condenações impostas a "hereges" pelo Santo Ofício, está a obrigação, como indulgência, de ler diariamente o *Flos Sanctorum*. Ora, estes textos de pleno reconhecimento popular contêm ingredientes daquilo que se apontava como heresia, como é o caso de nossa estória de São Cipriano, artes mágicas, pacto com o demo etc. Assim remetiam diretamente às heterodoxias difusas, aos aspectos mágicos pré-cristãos, e as usavam para combatê-las, curiosa e sutil ironia.

Num livro contemporâneo de edificação religiosa, encontra-se o seguinte comentário[27]:

> Cipriano porém trouxe os livros cabalísticos e os entregou ao fogo, na presença de todo o povo e distribuiu a fortuna entre os pobres.

Vem junto ao texto uma nota:

> Se São Cipriano detestou as próprias obras de feitiçaria e queimou-as publicamente, com que direito se servem ainda hoje muitos cristãos do livro de São Cipriano para fins supersticiosos e diabólicos? Além de ser mais do que duvidoso que este livro seja da lavra de São Cipriano, é uma obra perniciosa, cuja leitura é proibida pela Igreja.

Este jogo de afirma-nega está na perseguição por um lado e no estímulo por outro, quando de conveniência.

A TRADIÇÃO HAGIOGRÁFICA

Hippolyte Delehaye é, como já foi dito, autor de uma grande quantidade de estudos hagiográficos verdadeiramente indispensáveis a quem enverede por este campo[28]. Tem capítulos fundamentais sobre a *produção da legenda* e o *trabalho do hagiógrafo*: detém-se para analisar a sistemática dessas narrativas, vendo as *legendas dos santos*, os *panegíricos dos mártires* e as chamadas *paixões artificiais* como gêneros bem definidos, procurando acompanhar sua composição e os princípios a que se submetem. Legenda é para ele o relato sobre um santo para ser lido no dia de sua festa, a paixão de um mártir ou o elogio de um confessor, sem ter a ver com a legitimidade histórica. Usando a expressão legenda para as narrativas hagiográficas, o autor distingue: uma tendência popular, corrente e oral e a organização do texto por um hagiógrafo que o trabalha. Distingue entre os

---

27. Ver *Na Luz Perpétua*, ed. cit.
28. Ver conjunto de obras de H. Delehaye na bibliografia geral.

Atos ou documentos formais sobre os santos, os seguintes tipos: 1. documentos oficiais; 2. contos de testemunhas e 3. *Atos* cuja fonte principal é o documento escrito, e ainda 4. *Atos* cuja base não é uma fonte escrita. Mostra como eles resultam de uma combinação arbitrária de alguns particulares, com uma moldura de imaginação. São romances, histórias legendárias etc.

A obra do bollandista belga, escrita na virada do século e no princípio deste, tem seus preconceitos, como é natural, mas já traz uma aproximação muito moderna. Por exemplo, ao analisar o processo de organização do material hagiográfico, lança a idéia de um *programa prévio*, que existiu para a organização da legenda, apontando que houve sempre as mesmas linhas, combinações e permutas. A sua formação de matemático e de conhecedor de muitos idiomas o terá ajudado bastante na formulação destes princípios.

Em um de seus trabalhos diz-nos também que a memória popular sempre estabelece padrões conhecidos para os novos relatos. Indica uma coleção de motivos (*common stock*), propondo uma classificação sistemática de motivos legendários, suprida por documentos hagiográficos, que levariam a conclusões similares. Apesar de uma visão às vezes limitada, apontou para o método que Propp desenvolveria, tantos anos depois em sua *Morfologia do Conto Maravilhoso*.

Só não consegue dar o salto e fala de pobreza de imaginação (o que era, e é ainda corrente), quando se trata de criação popular. Diz que estas peças têm, no entanto, um tecido de recolhas literárias de tradições populares e situações ficcionais, e que aí o elemento histórico é sempre infinitesimal. Sua abordagem convida também a uma observação da "semiose" dos processos da narração e da inventividade, colocando em contato a "história oficial" e a história oral. Além disso, separa o autor uma categoria a que chama de *forgeries*, coisas totalmente forjadas, seja legendas hagiográficas para enganar, compostas ao sabor da imaginação. Diz também que nunca é fácil encontrar um real autor, porque o editor, por sua vez, deve estar imprimindo uma versão que já foi corrente antes de seu tempo, o que conduz ao desbordamento editorial, como aquele que se observa no *Livro de São Cipriano*, hoje; a produção da *Legenda* é, por definição, o resultado de uma ação inconsciente ou não, trabalhando sobre os materiais, sendo que a introdução do elemento subjetivo é um fato concreto.

O entusiasmo popular exagera o âmbito das atividades do herói, fazendo incluir um conjunto de fatos que ele retira de sua própria bagagem, ou o herói é presenteado com realizações de seus predecessores.

Tratando do mártir, os narradores são inspirados na mesma direção, falam os mesmos pensamentos, experimentam os mesmos ordálios etc.: o sagrado confessor, cuja vida exemplar o levou ao céu, deve ter tido todas as virtudes a formarem o seu quadro de vida e o hagiógrafo, fazendo ecoar fielmente a tradição popular, gosta de catalogá-los.

Muito bem situada, a noção de catálogo leva à de matriz textual, que organiza a razão de ser de outros temas em seus procedimentos narrativos.

Zumthor[29] usa a expressão "modelagem do personagem", de acordo com a tendência do público leitor, um fenômeno de recepção, apoiado no poder e na decantação da Profecia. Acrescenta que a obra de Robert de Boron é escrita com um perpétuo cuidado moralizador. Seus temas são principalmente a *perversidade do demônio, o arrependimento, a Penitência*. Merlin necessita de redenção porque é filho do demônio e esta redenção é essencialmente o nó do drama. É ela que integra todas as histórias. No caso do Cipriano, o nó do drama é a conversão no seu sentido mais pleno, que leva ao suplício.

Ouvintes para o Suplício: O Ordálio e o Prazer de Narrar[30]

O martírio, que muitas vezes se presentifica numa forma especial, o ordálio, é a forma ritual da pureza do herói. Muito freqüente no conto popular, em que ele é submetido às mais diferentes formas de tortura e sai ileso, enquanto simetricamente o seu antagonista tenta experimentar e morre. É um dos pilares da legenda de Cipriano e Justina, festejada pela igreja, constando do calendário oficial em 26 de setembro. Tem sido narrado infinitas vezes, chegando íntegro ao conjunto dos livros de São Cipriano, que reproduzem a legenda, e aparece assim no *Flos Sanctorum*, quando se descreve o suplício do Santo e de sua companheira[31]:

> Vendo então o tyranno, que nem promessas nem ameaças, nem aquelle rigoroso suplicio, nada abatia a firme constância dos generosos martyres: mandou lançar a cada hum em uma grande caldeira, cheia de pez, de banha e de cêra fervendo. Mas o prazer, a satisfação que se admirava no rosto, e nas palavras dos

29. Ver *Merlin le Prophète* de Paul Zumthor, ed. cit., pp. 58-61, 131.

30. O Ordálio é trazido por Propp no seu estudo, *Las Raíces Históricas Del Cuento*, Madrid, Ed. Fundamentos, 1974, pp. 504-505.

31. Ver *Flos Sanctorum*, Lisboa, 1704, pp. 201-202.

martyres, dava bem a conhecer que nada padecião naquelle tormento. E o mais que até se percebia que o mesmo fogo que estava debaixo das caldeiras, não tinha força nem calor. O que visto por hum sacerdote dos ídolos, grande feiticeiro, chamava-se Athanasio (que algum tempo fora discípulo do mesmo Cypriano) e julgando que todos aquelles prodigios procedião dos sortilegios de seu antigo mestre, e querendo ganhar nome e reputação maior entre o povo e invocar demonios com as suas cerimonias mágicas e se lançou deliberadamente na mesma caldeira, donde Cypriano fora extraído. Porém logo perdeu a vida, e se despegarão as carnes dos ossos.

Repara-se que este suplício aqui representado, inclusive acompanhado de uma interessante iconografia, tem todo o clima e os ingredientes daquilo que se costuma imaginar como o inferno. O suplício das caldeiras, havendo fogo por baixo.

O martírio continua narrado no *Flos Sanctorum*: "Mandou açoitar logo com duras cordas a S. Justina e despedaçar com pentes de ferro as carnes de S. Cypriano: tudo com tal crueldade, que ainda aos mesmos pagãos causava horror".

Terminando com a levada dos corpos para Roma, onde ficaram sepultados, até chegar a um outro detalhe, muito à maneira não só das narrativas, mas do próprio gosto que perfaz o cotidiano popular. As relíquias, pedaços de santos, pernas e braços, fragmentos de ossos, restos de esquartejados em suplício etc. Assim é que se encontra curiosa menção a relíquias de Cipriano, que teriam sido doadas a uma igreja na Itália[32].

Diz-nos Buonanni que os corpos dos nossos Santos estão na Basílica mas que não estão inteiros e que o *Piazza*, no seu numerológio do dia 26 de setembro, atesta que na Igreja de Santa Maria de Trastevere se conserva *uma costela de São Cipriano e um braço de Santa Justina*, e em outras igrejas de Roma se adoram outras relíquias; que uma crônica piacentina do ano mil acusa que a cabeça de São Cipriano estava em Piacenza e que do corpo inteiro não se fala nos monumentos da Igreja anteriores ao século XIII. E em aditamento menciona um pergaminho, relíquia de São Cipriano, que fora doado à sua igreja em 1562.

As lendas vão se agrupando, reunindo, e as sucessivas versões vão se diferenciando, embaladas pelo *frisson* do narrador. Pode-se falar de um verdadeiro ofício do fazedor de legendas (*legendier*), daquele que compõe a compilação, carregando de efeitos a antiga matriz virtual.

Assim é que no *Martirológio Romano*[33] se lê:

---

32. Ver *Dissertazione sulle vite de I Santi Cipriano e Giustina*, de Domenico Buonanni, ed. cit.
33. Ver *Martirológio Romano*, Rio, Vozes, 1954, p. 221.

Em Nicomédia o natalício dos santos mártires Cipriano e Justina Virgem. Sob o Imperador Diocleciano e o prefeito Eutônio sofreu ela muitos tormentos por amor de Cristo, e reduziu à fé cristã o próprio Cipriano, que era feiticeiro e procurava fasciná-la com os seus ensalmos. Mais tarde recebeu com ele martírio. Seus corpos foram lançados às feras mas de noite vieram nautas cristãos [?] que os tiraram dali e os levaram para Roma. Posteriormente foram trasladados para a Basílica de Constantino e depositados perto do Batistério.

Em outra fonte italiana encontra-se a notícia da *carnificina* sob Diocleciano em 304, e fala-se que o santo colheu a palma do martírio com aquela virgem Justina.

Mártir de Nicomédia dito o Mago, nasceu na Antioquia, situada entre a Síria e a Arábia, dependente do Governo de Fenícia. Seus pais imersos na superstição votaram-no desde criança ao demônio e ele acreditou na desordem do vício e na impiedade. Entre as artes funestas que aprendeu na escola de certos professores estava aquela *infamíssima de seduzir as virgens* entre as quais ele se empenhou ao máximo de poder conseguir uma jovenzinha cristã que vivia naqueles dias em Antioquia, chamada Justina. Perdeu confiança em seu docente infernal. A graça de Deus o iluminou a conhecer os seus principais erros, lhe moveu o coração ao arrependimento, razão pela qual atirou às chamas todos os livros de magia que tinham constituído durante tantos anos o seu estudo predileto. Doou todos os seus bens aos pobres e, instruído suficientemente na religião cristã, foi batizado (...)[34].

Num livro religioso popular chamado *Na Luz Perpétua*[35], encontramos a narrativa de modo muito curioso. É a parenética cristã apelando para os efeitos que se assemelham aos dos jornais sensacionalistas.

Falando da vida de São Cipriano, diz que ele era mestre em todas as artes diabólicas da feitiçaria,

entregou-se a uma vida *desbragada*. Para a religião cristã só havia insultos; creanças innocentes eram as victimas prediletas; tendo as enforcado offerecia o sangue dos mesmos como holocausto ao demônio e nas entranhas ainda palpitantes procurava conhecer os segredos do futuro.

Este tipo de "ocorrência" aponta para antigos rituais e é retomado no *Livro de São Cipriano*, para onde também confluem as estórias da Missa Negra de Madame de Montespan[36].

---

34. A notícia de carnificina vem de várias fontes italianas. Ver *L'Enciclopedia Cattolica*.... Firenze, 1949, p. 1694.

35. Ver *Na Luz Perpétua*, ed. cit.

36. A propósito de A Missa Negra e Madame de Montespan, ver *O Lado Oculto da Revolução* de Robert Darnton, São Paulo, Cia. das Letras, 1988.

4. Interdição e Consentimento

INQUISIÇÃO E BRUXARIA

> *As práticas mágicas se fundam sobre um sistema de crenças, no qual todos os signos do universo se interpenetram. Segundo as crenças, o universo não é neutro a respeito da sociedade, ele traz infelicidade ou felicidade ao homem e a seus bens*[1].

Procurando e localizando exemplares do *Livro de São Cipriano*, começa-se a pensar em toda esta carga de interdição, que "baixa" sobre a produção popular, suas práticas mágicas, o universo de sua realização, o espaço social de seu dia-a-dia.

Um verbete de enciclopédia portuguesa[2] menciona que há, no Instituto Criminal do Porto, um exemplar truncado, apreendido juntamente com uma estola de padre e medalhas, a uma das feiticeiras do "nefando Auto de Fé de Soalhão". Apreensões como estas devem ter sido feitas em quantidade, culpas devem ter recaído com freqüência sobre aqueles que tinham, em seus saberes, afinidades com a tradição mágica, que possuíam exemplares, manuscritos do *Livro de São Cipriano* ou de outros semelhantes.

Vamos também encontrar no Brasil, em nossos dias, práticas de apreensão e de ação policial, proibindo crenças e confiscando

---

1. Placa copiada do Museu de Tradições Populares de Paris.
2. *Enciclopédia Portuguesa e Brasileira*, Lisboa, s/d, verbete "São Cipriano".

os textos de livros apreendidos, em terreiros de catimbó, em macumbas. Tenho informação de que vem no *Estado de São Paulo* em 1904 a notícia da prisão de um feiticeiro que trazia o *Livro de São Cipriano*.

Em *Meleagro*[3], que enfeixa interpretações sobre magia européia, analisa o autor o catimbó e suas práticas. Diz que muitas orações populares são encontradas no *Livro de São Cipriano* ou na *Bruxa de Évora*, "reeditados cartapácios de sisuda autoridade". Declara porém que alguns mestres de catimbó têm solene desprezo por esses dois livros outrora sapientes:

> Afirmam que Catimbó é coisa provada e tudo quanto se declara em São Cipriano ou na Bruxa de Évora é mentira pura, sem possibilidades de realização. Sei de um mestre que durante meses e meses obedeceu cegamente às instruções do *Livro de São Cipriano* para obter um diabinho, um daqueles serviçais e amáveis familiares, que assombravam a *Santa Inquisição*. Não conseguiu familiar coisa nenhuma e perdeu a paciência queimando o volume. É uma exploração, rematou, convencido pessoalmente da ineficácia do Livro.

Afirma que jamais encontrou o *Livro de São Cipriano* nas mãos dos mestres nem entre os despojos do catimbó, arrecadados pela polícia, contradizendo sua afirmação anterior. Nem suspeita que o seu interlocutor pode estar usando o argumento, para se defender e não ficar comprometido. Conseguiu, porém, orações fortes, adquiridas por compra ou obtendo cópias, dádivas etc. e conta que, quando o Departamento da Segurança Pública deu uma batida minuciosa nos arraiais catimbozeiros, segundo palavras suas, teve parte nos despojos dos livros que iam ser queimados. Ele comenta as intervenções da polícia e a pilhagem com uma espécie de condescendência, e sempre achando graça. Diz no entanto que, de uns vinte anos para aquela data (1949), nos "estados", salas reservadas para as mesas de catimbó, encontram-se muitos livros sobre espiritismo e ciências ocultas, edições de "O Pensamento", folhetos do círculo esotérico "Comunhão do Pensamento" de São Paulo, livros de preces espíritas, *Como se Organizam Sessões Espíritas* etc.

Depoimentos assim nos trazem muitas informações e até se compreende, ao analisar a produção de livros de São Cipriano, por que alguns trazem a informação "licenciado pelo D.N.P.I.", na folha de rosto.

Ortiz[4], no seu estudo sobre a *hampa* cubana, menciona em Cuba a existência de tratados de feitiçaria dos brancos, favorecida

---

3. *Meleagro* de Câmara Cascudo, ed. cit., p. 149.
4. Fernando Ortiz, *Los Negros Brujos*, Madrid, Editorial América. O Prefá-

pela venda de livros vulgares que dela tratam: *Livro de São Cipriano*, de *Simão o Mago*, de *Alberto o Grande*, *O Enchiridion do Papa Leão*, o *Grimório do Papa Honório* etc., sendo que até na própria ilha se chegou a editar algum compêndio. Percebe a força deste fenômeno editorial, dizendo que assim se explica a infinidade de fórmulas de feitiçaria, conjuros, orações, superstições de origem européia que subsistem em seu país.

E que, depois de procurar num catálogo de livros de magia e ciências ocultas, publicadas em castelhano, recebeu um, mas não diz qual, de editor madrilenho, como se este não tivesse nome nem casa editorial, cuja leitura é interessante para conhecer o grau de sobrevivência de tais "superstições". No dito catálogo se anunciam pomposamente as obras de magia suprema etc. Comenta os baixos preços para as promessas contidas nos livros, e lembra que um dos mais curiosos é aquele que trata da venda dos talismãs de constelações dos Sete Metais.

Vê-se, por tudo isto, a grande dificuldade que se tem em acompanhar, desde o nascimento e difusão, a legenda de São Cipriano, sua aglutinação em textos de orações e esconjuros, naquele composto de saberes já mencionado, até chegar ao fenômeno editorial de livros antigos. Sabe-se que eles existiram mas não tem sido possível assegurar *quando e como começaram a ser editados*. Se os estudiosos não os nomeiam, se as "queimas" os confiscaram e destruíram, não há facilidade mesmo para se encontrarem catálogos de antigas editoras populares. Tudo era uma questão de perigo. Deixar-se impresso era como oferecer-se à punição.

Havia além disso o tabu de os mencionar exatamente, de os pronunciar no peso de sua informação completa; segue-se um rolo de informações fantasiosas, que se criam para os localizar em biblioteca de reis e de condes, de mosteiros e de outros locais inacessíveis. Sabe-se que durante os séculos XV, XVI e XVII foram muito freqüentes os receituários de magia e os esconjuros, como o que possuía um mourismo de Orihuela, que ao procurar pôr em prática algumas daquelas receitas, caiu em mãos da Inquisição em 1564[5].

Tem-se também notícia de que havia uma grande circulação destes livros no século XIX e, segundo Bonilla[6], autor de um vo-

---

cio tem data de 1905, é escrito por Cesare Lombroso e busca confirmar a predisposição do negro para a feitiçaria e para o crime.

5. Menéndez y Pelayo, *Historia de los Heterodoxos Españoles*, ed. cit., Livro III, p. 379.

6. Esta *Historia de la Hechicería y de las Brujas*, de Luis Bonilla, Madrid,

lumoso livro sobre magia, servindo para avivar a superstição e a ignorância. Dá como exemplo um deles, escrito em Nîmes em 1853, em cuja portada se diz ter sido retirado de um manuscrito de 1522. O autor ridiculariza o índice. Diz que o "livrelho" contém um capítulo dedicado a nomes e a sinais dos espíritos infernais e à invocação dos demônios, os pactos, os círculos cabalísticos, a composição da tinta para escrevê-los etc. Contém uma série de capítulos dedicados aos demônios, o que se poderia chamar de feitiçaria utilitária, pois dizem assim:

> Para fazer-se invisível; para fazer uma liga que, levando-a posta se andem vinte léguas; para fazer-se amar por uma mulher que se queira; para fazer-se com que toda a gente numa sala se ponha a bailar desnuda [vejam-se no Brasil as estórias de Lampeão], modo de fazer a vara devinatória.

E continua descrevendo as operações, receitas e fórmulas do livro. Interessante é que o autor não menciona nem o nome do livrelho que descreve, mas tudo leva a crer que se trata de um *Livro de São Cipriano, o Feiticeiro*.

De fato, o *Livro de São Cipriano* recebe um alto grau de interdição, em sua história e em razão direta de seu prestígio junto às classes populares, onde é antes de tudo uma crença e uma promessa, mesmo que vã, e uma forma de identidade. Ressoam nele o processo de caça às bruxas, as perseguições inquisitoriais em Portugal e Espanha, segue-o de perto a perseguição aos terreiros das religiões negras no Brasil.

O processo de Paulo Lourenço, da Inquisição de Coimbra[7], traz o desafio da transvisibilidade, pois se dizia que esse homem via através de corpos opacos, porquanto afirmava ver tudo o que um corpo humano tem dentro de si; por outro lado, tinha um crucifixo no céu da boca!!! "Mentia afirmando ter licença do santo ofício para exercer todas as suas atividades. O povo realmente o chamava O Santo de Agrelas". Os inquisidores concluíram que ele tinha pacto com o demônio. Condenaram-no a levar açoites pelas ruas da cidade de Coimbra, foi degredado para sempre, para fora da freguesia de Agrelas, e por espaço de seis anos para o Brasil.

No processo inquisitorial de Luis de la Penha[8], diz-se que, entre as suas orações, encontraram-se as *Palavras das Favas*: "Eu te

---

Biblioteca Nueva, 1962, é uma espécie de história vista desde fora, com todos os preconceitos. É, no entanto, uma fonte de informação e passa alguns dados importantes.

7. *Anais da Academia Portuguesa de História*, ed. cit., pp. 101-104.

8. Através de livro de Teixeira de Aragão, *Diabruras, Santidades, Prophecias*, Lisboa, Vega, s/d. Este livro é uma curiosa reedição, que traz dados impor-

conjuro favas com as nove musas em que entre Urganda a desconhecida e Medeia e as provadas do mar, com a augua na boca tres vezes", tipo de texto que corre vivo nos livros de São Cipriano que se editam.

O processo de nº 14.649 de 22 de maio de 1806 (Torre do Tombo), proveniente da Sede do Bispado de Pernambuco, fala do preto forro Matias Gonçalves Quizanda, oficial de alfaiate que costumava trazer um embrulho cozido em pano de linho com ossinhos humanos, imagem de Jesus Cristo crucificado e outras imagens com ossinhos e a imagem de Santo Onofre embrulhada em um papel com saudações da Santa Virgem e um saquinho de pedra que parecia de ara e um livro intitulado de Santa Bárbara, Orações de São Cipriano e sanguinhos e um corporal de ossos de defuntos, conforme informação trazida por Liana Trindade.

O de D. Thereza e Miranda de Souto Maior, que entrou nos cárceres da Inquisição a 6 de junho de 1731, diz que a feiticeira ensinou-lhe a rezar a *Oração de São Cipriano*, "colocando no meio da casa um ourinol, quase cheio de água entre duas vellas accesas e que logo vira na água".

Ao comentar sobre o processo de Gonçalo Annes, o Bandarra, diz a mesma fonte que o "Sagrado Tribunal" acreditou no sincero arrependimento, ordenando aos possuidores das *Trovas de Bandarra* que as entregassem à Inquisição, e impôs ao convicto a leitura do *Flos Sanctorum* ou o *Evangeliorum*.

Destas informações dispersas se apreende a rede de contradições internas que existem nas passagens entre os textos canônicos e os de bruxaria, a relação do eclesiástico com o apócrifo, da oralidade popular com a escritura a ela dirigida. É a esta oralidade, a este lastro de memória popular que se recorre, captando os seus elementos para impor a didática dos contrários. Perseguiam-se os saberes judaicos, a cabala, as relações com mistérios e espíritos, e no entanto, a heterodoxia presente nos saberes e narrativas populares circulava sem cessar, nas entrelinhas dos textos "oficiais".

No capítulo "Bruxos e Santos" do livro já citado de Teixeira de Aragão, num daqueles depoimentos pseudocientificistas que tocam a comicidade, e que transcrevo, por conta do inusitado de certas situações, fala de Vicente de Beauvais. Diz que *Espelho*

---

tantes, tem todos os preconceitos possíveis contra as culturas populares, é risível mas é um extraordinário documento que atesta uma mentalidade, um espírito de época (final do século XIX) em Portugal. O outro processo transcrito foi descoberto em Lisboa pela pesquisadora Liana Trindade.

Historial[9] conta que São Cipriano aos sete anos era oferecido pelo pai ao diabo, ficando seu servo:

> O rapaz cresceu, instruindo-se nos livros de magia, onde se tornou insigne e, em Antiochia fez coisas do arco da velha contra os christãos, excedendo em maldade todos os demonios. Cypriano apaixonou-se pela encantadora Justina, também requestada pelo jovem Acladio, mas sem nenhum ser atendido. *O bruxo que tinha ideias comunistas fez parceria com o rival*, e recorreu ao diabo que lhe pintou facil a empresa de sedução. Foi posto em campo, para tentar a conquista, um lindo diabinho, que dirigiu com tanta arte a lamúria à amorosa virgem, que a teve quasi cahida na esparrela; mas sendo tocada de santo pressentimento, encomendou-se a Deus fazendo o signal da cruz, e em presença da arma sacra o demonio largando a presa fugiu espavorido.
>
> Cypriano não descorçoou: recorreu a outro satélite de Satanaz muito ladino, que se dirigiu à donzella com os mais encantadores requebros; mas Justina, pressentida pelas tentações amorosas do anterior, fez logo o sagrado sinal do crucificado, e o espírito do mal ficou assombrado escapando-se na rapidez do raio, *com as armas e bagagens da rhetorica*.
>
> Consultou-se então o Rei do Inferno, que deu ao seu cliente as melhores esperanças de conquista, e com ufana vaidade prometteu levar à meio da noite a ingrata aos braços dos desconsolados amantes. O satanico transformou-se em formosa donzella e, por conta alheia, taes artimanhas empregou que a jovem esteve vae não vae a cahir no sentimentalismo, quando lhe acudiu pela terceira vez o Espírito Santo – pensou em Deus, benzeu-se e o diabo evaporou-se por encanto. Ainda voltou na figura de gentil mancebo pretendendo arrebatá-la à valentona; mas a virgem defendeu-se com o seu precioso talisman e o diabo dando grande estoiro desappareceu furioso. Vingou-se depois em matar gente e animais domésticos, espalhando por intermédio de sua tropa maldita, que em breve se desenvolveria a grande peste na cidade, se Justina teimasse em não querer casar. As suplicas não a poderam demover do seu propósito; a epidemia desenvolveu-se: durou sete annos, fazendo numerosas vítimas; e a donzella resistiu impavida às ameaças do povo, que lhe exigia o sacrifício para se salvar. A virgem muito condoida, começou a orar por elles e a peste cessou. O maldito desapontado e conscio de nada poder fazer contra a virtuosa Justina, resolveu enganar o pobre Cypriano tomando a figura da donzella, e ao prodigalizar-lhe a falsas ternuras, o apaixonado nigromante, n'um extasi de suprema felicidade pronunciou o nome da querida virgem. Foi o bastante: o diabo desapareceu com grande estrondo deixando o fumo do enxofre e o apaixonado amante aparvalhado pela burla satânica.
>
> O infeliz Cypriano contentava-se depois em se transformar todas as noites, pelo poder mágico, em qualquer animalejo, e ia suspirar amores nas proximidades da casa de Justina que, por inspiração divina sempre o reconhecia. Acladio não era menos desgraçado. Seguindo o exemplo do rival tomava a forma de ave,

---

9. *Speculum Historiale* de Vicente de Beauvais (Vicentius Bellovacensis) a que tive acesso, mais de uma vez, com prazer renovado. É uma espécie de enciclopédia do saber medieval. Manuseei muitas vezes um dos códices que está na Biblioteca do British Museum, com capa de couro, ferragens pesadas e contendo iluminuras a ouro. Tudo o que se esteja pesquisando de narrativas medievais se encontra aí codificado, como é o caso do embrião do poema "Ferrabraz". Encontra-se também a estória de Cipriano e Justina, o relato do martírio.

e uma noite foi poisar no parapeito da janella da virgem, que condoida e receosa da queda de tão grande altura, caridosamente o fez sahir pela escada, admoestando-o a que não recorresse às astúcias do diabo, que sempre seriam destruidas pelo poder celeste.

Estes factos patentearam a fraqueza do espírito maligno, e Cypriano apesar de bruxo era homem que sabia guardar as suas conveniências: como hoje muitos fazem, passou das desconfianças para o partido do mais poderoso, renegando o diabo e a sua corte etc. etc.

Não conta no entanto do suplício senão em curta frase:

A fama destas santidades em breve chegou ao chefe dos idólatras que os mandou intimar para sacrificarem aos seus deuses, e pela recusa ordenou o tyranno que os metessem n'uma caldeira cheia de pez e cera a ferver, onde os martires sentiram grande refrigério em vez de tormento, e o bárbaro vendo que assim não se exterminava, os fez degolar a 26 de setembro de 287.

Ao terminar, dá uma nota dizendo "extraído do Flos Sanctorum" (ed. 1744, t. II, p. 567). Só que em verdade a narrativa é sua, por sobre a matriz narrativa mais corrente, como ocorre em tantos outros casos.

O Manual dos Inquisidores

Neste volume popular[10] divulgam-se alguns textos fundamentais para o estudo da instituição inquisitorial. Na base está *O Manual dos Inquisidores*, cuja primeira edição impressa parece datar de 1578.

Frei Nicolau Emérico (1320-1399), da ordem dos pregadores e Grande Inquisidor de Aragão, conseguiu fama de competência no assunto, e começou a elaborar o seu *Directorium Inquisitorum*. O livro de que me sirvo se diz selecionado e traduzido de textos que estão na segunda parte daquela obra.

No trabalho com documentos e materiais da Inquisição, deve haver muitas referências ao *Livro de São Cipriano*, muitos dados esclarecedores da relação do texto com as perseguições. Só que, aqui, me cabe apenas indicar pistas, mostrar o curso de alguns episódios, apontando para o caráter e os tipos de interdição que recaem sobre a composição desta espécie de "múltiplo", texto que se transformaria numa publicação não interrompida.

Há neste tudo o que se pode chamar de não-canônico, a força da proibição que fez com que se convervasse, com mais insistência, este tipo de livro junto às classes populares, espécie de

---

10. *Manual dos Inquisidores*, ed. cit.

tesouro secreto, que se foi transmitindo. Depois, a partir de certa altura, mereceria uma legitimidade velada, conquistada nas sociedades industriais, com a ampliação das religiões populares, com a garra da indústria editorial, que se aproveita de tudo isto nos grandes eixos urbanos.

Assim, o *Livro de São Cipriano* atravessou, apontando, desde o seu nascimento, para o lado mágico e lendário da Igreja, e ao mesmo tempo, para tudo aquilo que ela iria perseguir. Ficou com a Igreja, com Jesus e os Santos, e com o outro lado, o maldito, o demônio, os bruxedos, os feiticeiros e encantos da "Sciencia". Só poderia vir a circular mesmo, no subsolo, coisa a ser perseguida, coadjuvante no ofício de bruxas e de feiticeiros.

No mencionado *Manual dos Inquisidores* há um capítulo que se intitula "Sinais para Conhecer Certos Hereges", em que se aponta o seguinte:

Os magos nigromantes ou invocadores e sacrificadores dos espíritos (que são todos a mesma coisa) podem conhecer-se pelos sinais seguintes: Tem a vista torta por causa das visões, aparições e conversas com os espíritos maus (...) todos eles se dedicam à astrologia e à alquimia. Por isso se alguém for levado ao Inquisidor, que pareça manifestadamente ser nigromante ele é também adivinho, astrólogo ou alquimista. Com efeito os adivinhos, o mais das vezes, são invocadores de espíritos (...) quando não conseguem tudo o que querem suplicam auxílio ao diabo, invocam-no, sacrificando-lhe tácita ou expressamente.

A Proibição de Livros

Entre os livros proibidos estão sempre aqueles que tratam de astrologia, da consulta dos astros, da quiromancia e outros métodos do adivinhar, que a cada passo têm coisas temerárias, incertas, alheias à religião e à piedade cristã, atribuindo aos astros poderes e tirando do homem o livre-arbítrio. Há todo um capítulo sobre feiticeiros e adivinhadores, sendo que a própria discussão desses assuntos fica suspeita de heresia. Abriram baterias de fato contra um livro atribuído a Salomão, que se chama *Tabula Salomonis*[11]:

É sobre este livro que os advogados ateus juram dizer a verdade, da mesma forma que os cristãos juram sobre os *Quatro Evangelhos* ou os judeus sobre a lei que Deus deu a Moisés, sendo falso que tal livro possua em si só o poder de Lúcifer e outros espíritos.

O mesmo assunto é tratado num livro que se atribui ao Nigromante Honório e é chamado *Tesouro de Nigromancia*. O in-

---

11. Pelayo, ed. cit.

O LIVRO DE
SÃO CIPRIANO
FEITICEIRO

JOAQUIM BOTELHO

quisidor diz aí que os livros foram por ele apreendidos, lidos um a um e mandados depois queimar.

Pensa, no entanto, que fabricar coisas imaginárias, com o fim de conseguir o amor de uma mulher, mais parece ser superstição do que heresia. Já a invocação dos espíritos, preces nefandas que se lhes dirigem e sacrifícios funestos que a eles se ofereçam, isso sim é heresia manifesta.

Num livro do século XVIII chamado *A Arte Mágica Aniquilada*[12], encontra-se referência às obras apócrifas e àquelas injustamente atribuídas a São Clemente, como sendo a maior e principal origem das fábulas de Simão, o Mago.

Afirma-se aí que São Cipriano de Cartago chamou às obras mágicas de charlatanaria e julgou-as ficção poética (colocando o Cipriano oficial contra o da magia):

> Citam os adversários a *Confissão* de um certo Cipriano que também se acha na lingua grega, obra de que fazem grande caso. Enquanto a este Cipriano, primeiramente mago e depois Bispo de Antiochia, sem se saber de qual delles, tudo é controverso porque muitos doutos até julgam supposta semelhante pessoa. De nada serve a autoridade de São Gregório Nazianzeno, o qual como todos sabem, confundia este com São Cipriano Carthaginez, e disse que presidira a Igreja em Carthago e não em Antiochia. Em fim, não é daquelle tempo a *Confissão* que hoje temos e seja-me *lícito afirmar* que não merece a estimação que della se faz.
>
> Lê-se neste escripto que antes da conversão vira Cipriano no Egito as almas dos gigantes, a communicação com os demônios, com as serpes e os vicios todos em figura corpórea. Diz que vira na Caldea o mesmo diabo que o abraçara e discorrera com elle: que se transformara em mulher, que fora ave e que se mudara em pardal. He mui proprio que os defensores da arte magica se entretenham e deleitem com tão bella, e recondita erudição.

A *Defesa de Cecília Farragó*[13], acusada do crime de feitiçaria, se transforma num verdadeiro tratado de esclarecimento contra a magia e as superstições populares.

É um documento de época, do século XVIII, a peça de defesa desta mulher presa como feiticeira, e que pretende-se transformar num espécie de *Arte Mágica Aniquilada*, procurando trazer aquilo que se considere a razão do entendimento.

O livro começa com um prefácio, em que o tradutor se queixa da invasão das crendices populares:

> As amas ordinariamente grosseiras, e supersticiosas, ora entretem as crianças com a medonha narração dos lobishomens, e das fantasmas, que apparece-

---

12. Marquez Francisco Cipião Maffeo, *Arte Mágica Anniquilada*, Lisboa, 1783, p. 249.

13. *Tradução da Defesa de Cecília Farragó*, Lisboa, 1775.

ram nos escuros lugares, ora com os extraordinários, e maravilhosos casos dos Magicos, e das feiticeiras.

No Capítulo I, o autor procura demonstrar a não-existência da arte mágica, contrapondo-a à ciência e dizendo que "foram os séculos nos quais maior reputação tiveram os Mágicos e as suas estupendas obras, aquellas em que menos se souberam as Artes, e Sciencias, e em que foram menos cultos os povos".

Oferece então uma estranha interpretação da magia como coisa tropical, e causada pelo calor. Também para justificar a criação dos poetas, traz à baila o esquentamento das fibras, o que nos leva a aproximar da expressão popular tão usada ainda hoje: estou com o juízo quente (juízo quente, julgamento, em termos clássicos, é o contrário de claro entendimento, razão fria):

> As nações que mais abundaram, e ainda hoje abundam de feiticeiros e feiticeiras, são aquellas cujo clima he menos temperado, e aonde se vive com a pia, e dura meninge mais sujeita à vehemente impressão do ar. O vulgo, aonde a ignorancia tem o seu throno sobre fundamentos eternos, foi sempre o pai de quanto se imaginou sobre magicos, bruxas e spectros e sombras nocturnas. Os poetas, creadores das fabulas, homens cujas fibras do cerebro estão demasiadamente esquentadas, e sonham vigiando, foram os inventores de quantas imaginadas, e loucas deidades adoraram os Antigos.

E numa das seqüências em que fala de feiticeiras, duendes e visões diabólicas, pergunta com ênfase:

> Que coisa he Arte Mágica? He uma profissão criminosa, que ensina as regras do comércio com os demonios, e que por isso dá poder de obrar prodigios em dano do genero humano (...) Mas eu inutil, e escusadamente me detenho buscando argumentos com que desfaça a existência da Arte Magica, quando ella he senão mentira e sonho. Portanto não há arte Magica. São enganos as maravilhas que se atribuem aos feiticeiros, tendo por causa, ou a Natureza ou a Fabula ou a Imaginação. Devemos, pois, desprezar a crença de huma arte embusteira, não fundada nas santas escrituras, convencida da falsa pela razão, opposta diretamente aos canones e aos Padres.

Crimines y Misterios de la Inquisición é uma brochura parecida mesmo com as de algumas coleções de histórias de mistério, a modo de livro popular e que se diz compilação, não tem fontes, autor, editora ou data. Está assinada porém por Livonio Strozzi e sua originalidade é ser uma espécie de cartilha, que quer levar o povo à informação sobre a intolerância religiosa, convidando a práticas de justiça social. Esclarece aos seus patrícios que entre os delitos apontados pela Inquisição estavam: o de celebrar pacto com o demônio; aparecer suspeito de pacto ou observância disto, porque ao tribunal pouco lhe importava que não existissem provas da culpabilidade; ser suspeito de crimes de sortilégio e adivinhação. Continua dizendo que as mais freqüentes entre as causas conhecidas foram heresia, ou seja, erro em matéria de fé (sic) sendo os acusados quase sempre judeus, maometanos e gente que, encerrada em si mesma, não cumpria com as observâncias religiosas, a juízo de anônimos denunciantes e dava lugar a delitos, qualificados de bruxaria. Encontraram-se entre suas vítimas os astrólogos, parecendo naqueles tempos a observação dos astros algo misterioso e com suspeita de influência satânica. Também a predição de cartas, interpretando o baralho, o chamado mal de olho e o fazer dano utilizando toscas figuras de cera, bem como as práticas de feitiçaria com sapos.

Este livro popular termina lembrando como a perseguição se voltava ao *pueblo judio* e evoca decretos reais, que exigiam a expulsão e "limpeza" da América de estrangeiros e gente suspeitosa em coisas de fé, provando a existência de judeus e novos cristãos no continente, e fala do célebre *Auto de Fé* dos judeus portugueses em Lima, pelo qual se condenaram oitenta pessoas.

Estes elementos trazidos a um público popular como uma didática, serão naturalmente para ser juntados a outros, que vivem na sua memória e em suas práticas.

DE ANTIOQUIA A BONSUCESSO

A cidade de Antioquia[14] não é aquela que era a capital da Síria mas uma outra cidade, situada entre a Síria e a Arábia, e que dependia do governo da Fenícia.

A Fenícia era uma província da Síria[15], cujos limites não foram sempre os mesmos. Foi sujeita aos reis de Assíria e Caldéia, aos persas, aos gregos e aos romanos e, depois, esteve submetida aos otomanos, pelos idos do século XVII.

Sobre esta Antioquia[16], sabe-se ter sido a grande capital do baixo Império Romano, em que pagãos e cristãos viviam lado a lado e em que a instrução, os divertimentos, os espetáculos e o número de festas pagãs era muito grande. A influência do cristia-

---

14. "Cipriano de Antioquia", *Biographie Universelle Ancienne et Moderne*, Paris, Michaud, 1813, t. XII, p. 402.

15. "Phenicie", *Le Grand Dictionnaire Géographique, Historique et Critique*, Paris, Chez Libraires Associés, 1768, t. 4.

16. Há um extenso trabalho de O. P. Festugière, *Antioche Païenne et Chrétienne*, Paris, Bocar, 1959; verbete "Antioch", *Enciclopaedia Britannica*, vol. 2, p. 70, 1954.

nismo se fazia sentir aí mais forte, pela grande autoridade dos prelados, exercendo-se intensamente a conversão.

Ora, Antioquia nos séculos IV e V é uma das capitais onde se encontram o antigo e o novo. Lendo a história desta cidade, de grande população para o seu tempo, ponto de encontro de crenças e de mundos, cadinho de fermentação de seitas e credos, de vida citadina muito expressiva, com inúmeros santos reconhecidos e famosos, não se acha a menor menção a São Cipriano.

A Síria passaria ao domínio de Roma e também Antioquia, sessenta anos antes de Cristo, permanecendo como *civitas libera*. Embora os romanos manifestassem o seu desprezo para com os antioquenos, os imperadores favoreceram a cidade como uma valiosa capital para o seu Império do Oriente.

Antioquia foi então a primeira sede da cristandade no lado oriental, tornando-se a mãe das igrejas gentílicas. Depois da queda de Jerusalém, ela se transformou na verdadeira metrópole da cristandade.

Freqüentemente cenário de evangelização, Paulo e Barnabé foram seus evangelizadores. Pedro a teria visitado e nela o termo *cristão*[17] foi pela primeira vez usado para designar convertidos à nova crença. Sede também das consideradas heresias, que fermentavam nesta cidade cheia de vida e de contradições, e que só conheceria o declínio, à medida em que Damasco progredia.

Este santo-mago que ninguém explica exatamente como surgiu, e que, como se viu, pertence ao mundo da narrativa lendária traz o seu nome ligado a esta confluência de cristianismo e magia, Oriente e Ocidente, paganismo e conversão. São Cipriano de Antioquia ficou sendo uma representação de tudo, de heterodoxo, mago ou duvidoso até santo da igreja, abonado por seus calendários, publicações oficiais e martirológios.

Nas enciclopédias vem primeiro o grande santo de Cartago e apenas, nos apêndices, ele figura, principalmente sob a égide de sua famosa oração.

Os bolandistas pensam, até, que Antioquia de Fenícia não existiria mais no "tempo" de São Cipriano.

Nome distante, sonoridade que traz oposição (anti), mundo em que se imagina a feira, as pessoas, o tumulto, as antigas práticas lutando por persistir, as novas práticas procurando se impor, tudo isto numa grande praça populosa, encantos e encantadores, cenários para o surgimento de fábulas.

Projetam-se os ambientes de uma grande feira, que Pasolini filmaria, cheia de movimento e de cor, um tumulto vital, um

---

17. *Dictionnaire de Theologie Catholique*, Paris, 1908, t. III.

mundo em ebulição, a fábrica do conto sobre o santo. A partir daí tudo seria uma longa viagem...

Oito horas da noite, Rio de Janeiro, Bairro de Santa Teresa. Na véspera, eu tinha visitado a Editora Pallas, em Bonsucesso, e tinha obtido o nome de Fernandes Portugal, como um estudioso do assunto com quem eu me deveria entrevistar, para saber de São Cipriano, das edições, dos textos.

Ele é pai-de-santo de religião afro-brasileira e se dedica à pesquisa, reunindo materiais sobre cultura negra, antropologia, folclore, num centro de estudos que criou e dirige. Na véspera, já nos tínhamos encontrado ligeiramente, e ele já me tinha emprestado materiais para xerox, edições brasileiras modernas do *Livro de São Cipriano*, a indicação de um ou outro texto para estudo.

Naquela noite iluminada de maio, fui ouvi-lo, queria descobrir as razões de Antioquia e seu santo, os filões de textos e narrativas, sua ancoragem naquela cidade do Rio, intenso palco de vida e crenças.

A conversa começou e prosseguia, sem maiores esclarecimentos, como se alguma coisa a barrasse, como se ela fosse impossível aí, apenas no plano teórico e das informações. (Sabe-se que não há pesquisa neutra e que a empatia é que se transforma em vivência.)

Surge então na sala, eu e o meu companheiro surpresos, uma figura de extraordinária energia e sensibilidade que é Afra Marluce (nome latino), alagoana, praticante da umbanda e agora candomblé, acostumada a entrar em transe e receber espíritos, e mulher de Fernandes Portugal.

Ela chega, nos olha, nos pressente e, sabendo de meu tema e de minha procura, começa a falar com entusiasmo devoto de São Cipriano, de como sua avó sabia lidar com essas coisas e que, em sua pequena cidade natal, em Alagoas, corria por via oral a lenda; que havia sempre uma pessoa que detinha e transmitia a estória e vida de São Cipriano de Antioquia. Conta também que o costumava incorporar nos transes, sempre para fazer o bem e curar. Vai assim captando toda a nossa atenção encantada, de repente desaparece, demora alguns instantes, o que nos leva a pensar que ela se tinha recolhido e desistido de conversas. Volta, súbito, e traz para o nosso espanto uma estátua do santo, de quase dois palmos, representado como um *asceta* ajoelhado, um branco de pele negra, de rosto muito expressivo e olhos tão penetrantes, que seria impossível deixar de sentir um arrepio.

Na noite iluminada de maio, no Rio, em Santa Teresa, ela passa a falar do Santo, com a intimidade de quem o conhece bem de perto, de quem tem por ele grande afeto, tratando-o de velho, o velho, meu velho...

Abriu-se então tal encantamento que ficamos todos à mercê de seus sortilégios, não se sabe quem mais misterioso, se ela ou o santo, ambos reunindo todas as peças que era para juntar, naquela hora.

Depois é que fui pensando no trânsito da legenda, por via portuguesa, sua aglutinação de repertório mágico e vinda para o Brasil, como ela se enraíza no universo da cultura negra, passando depois para a sociedade como um todo.

Cipriano do Cruzeiro das Almas, o Velho Cipriano, o Pai Cipriano. Soube então por Fernandes Portugal que a Igreja dos Negros, a de Uruguaiana, no Rio, onde se enterram irmãos de irmandades negras, tem a imagem de São Cipriano. Também ali estão a escrava Anastácia, Santo Elesbão e Santa Ifigênia dos negros.

É por tudo isso que, nas tendas de umbanda, se encontram inúmeros *Livros de São Cipriano* e mais algumas variedades de estatuetas, até defumadores e sabonetes, com a figura e o nome do santo antioqueno.

Já pelos idos de 1939, falando da adaptação e sincretismo das macumbas e candomblés, diz-nos Artur Ramos[18] que os orixás africanos foram sendo chamados pelos nomes de santos católicos correspondentes, e que no vasto sincretismo afro-católico-espírita, os terreiros foram se chamando de "centros" e tomando nomes de santos.

Centro São Jorge, São Jerônimo, São Miguel Arcanjo, *Centro São Cipriano* e outros, onde se misturam os cultos das linhas nagô, jeje, angola, cabinda etc.

Nos cultos dos santos do agiológico [sic], continua o antropólogo, confluem as invocações dos candomblés e macumbas e as orações populares, confirmadas por vários exemplos:

Caboclo do mato trabalho
Com São Cipriano e Jacob
Também trabalha com a lua
Com as estrelas e o sol.

Edison Carneiro, em seu livro *Candomblés da Bahia*[19], que se tornou realmente um livro popular, aponta para fenômenos que

18. Arthur Ramos, *Aculturação Negra no Brasil*, São Paulo, Nacional, 1942, p. 256.
19. Ver o clássico de Edison Carneiro, *Os Candomblés da Bahia*, Rio, Ed. Ouro. Também outras obras do autor.

hoje todos sabem mas que, rememorados, ajudam a entender o *Livro de São Cipriano* e suas adaptações. Falando sobre umbanda, diz que esta, por se localizar na antiga capital da República, sofreu o impacto das mais variadas e poderosas influências, favoráveis e desfavoráveis. Perseguida e muitas vezes expulsa do Rio de Janeiro, não teve outro recurso senão colocar-se à sombra do catolicismo popular, do espiritismo e do ocultismo, para escapar à destruição.

No seu estudo sobre umbanda e kardecismo no Brasil, traz-nos Cândido Procópio[20] uma noção que parece caber muito bem para explicar a produção e o público deste livro agora: o *contínuo mediúnico*, chamando a atenção para a vitalidade da literatura religiosa mediúnica, que se expande nas livrarias e bancas de jornal, evidenciando-se sua penetração popular.

As divindades da umbanda se dividem em sete linhas, sete legiões e sete ou doze falanges, numa composição nitidamente hierarquizada[21]. Ora, a linha 7, a linha africana, vai corresponder a São Cipriano. No detalhe fundamental de "africano" e na recuperação deste santo estão as noções de bruxaria, poderes sobrenaturais etc. Creio que africano, por causa da confusão com o outro santo, africano de Cartago. Todas estas traduções, orientais, européias, negras, contribuem para formar a grande figura que é o São Cipriano de Antioquia, tão vivo hoje quanto antes, nas esperanças dos grupos à margem da cultura oficial.

Procópio nos chama a atenção para a quantidade de volumes sobre a literatura da umbanda no Brasil. Já naquela altura em que escreveu, diz-nos que esta literatura era encontrada nas bancas e nos vendedores de livros velhos nas ruas, nos locais de maior movimento popular; lembra também o fato de que todo terreiro tem a sua pequena biblioteca.

Diz ainda que, freqüentemente, interpretações esotéricas se intercalam nos livros desta tendência. A numerologia, a doutrina da evolução espiritual, os temas mágicos, correntes da tradição européia, a teoria dos talismãs, os signos de Salomão, a doutrina

---

20. *Kardecismo e Umbanda no Brasil*, de Cândido Procópio. São Paulo, Ed. Pioneira, 1961.

21. Verbete "Umbanda" no *Dicionário do Folclore Brasileiro*, assinado por Edison Carneiro, contendo uma síntese de muitas informações importantes, ed. cit., pp. 889-891. Há uma rede de curiosos livros populares trazendo informações sobre a umbanda, por exemplo, *Caboclos na Umbanda*, de Haroldo Menezes, cuja quarta capa traz um grande rol de títulos da "Livraria Para Todos"; também *O que é a Umbanda* de Emanuel Zespo, Biblioteca Espiritualista Brasileira.

dos elementos e dos elementais, a astrologia, como já procurei mostrar.

Em quase todos estes livros presentes nas práticas dos terreiros, se encontra a doutrina da evolução do karma e da reencarnação.

A pergunta do pesquisador tem muito alcance. Que influência poderá vir a ter esta literatura na confirmação da umbanda?

Eu penso que estes livros são apoio e reforço para uma tradição se fazer mais legítima e confirmada, e que este mundo de intertexto, que envolve um fenômeno como a produção do *Livro de São Cipriano*, o seu crescimento de volume editorial assim como outros títulos, que formam massa enorme, um contingente ilimitado, tem a ver com o avanço da umbanda nas grandes cidades. Estes livros atendem a um público de migrantes e aos habitantes desenraizados das grandes cidades, que sentem neles a conservação natural de seu antigo repertório, muitas vezes transformado ou simplesmente transcrito, apelando para o seu mundo de memória do antigo universo metamorfoseado e possível no novo, que se vai sedimentando.

Questões culturais, sociais e religiosas se reúnem, sendo difícil agarrar um único viés, para a interpretação do fenômeno como um todo.

Procópio vê duas funções fundamentais das religiões espírita e umbandista: a função terapêutica e a função de integração nas sociedades urbanas. No caso do *Livro de São Cipriano*, ele cumpre as duas funções e mais, a do princípio do prazer, o da leitura, mesmo quando oralizada, o gosto de textos que ainda conseguem contar estórias, intercalando-se às práticas mágicas, às fórmulas, aos bruxedos.

Fala-nos ainda este pesquisador que o *Livro de São Cipriano* publicado por várias pequenas editoras e também pela Comunhão do Pensamento é, na opinião de editores brasileiros, a obra com maior número de edições no Brasil. Este dado se confirma, só no acompanhamento da massa aturdidora desta produção. E parece mesmo que é propositado afirmar que, carecendo de uma diretriz, é no *livro* que o indivíduo vai encontrar orientação e a confirmação do acerto de suas opções.

A função prática desta magia popular vai se exercendo aqui, continuamente.

Câmara Cascudo transcreve[22], sempre ao seu modo e consoante os seus critérios, um material que nos interessa de perto.

---

22. Câmara Cascudo, *Meleagro*, ed. cit.

São os cadernos e rabiscos, cartas e bilhetes, apreendidos pela polícia com os catimbozeiros do Recife. Provêm de pessoas humildes que escrevem ao mestre, pedindo que ajude nisto ou naquilo, solicitando receitas para prender o marido, para fazê-lo deixar de beber, espécie de consultório sentimental, em que são pedidas maneiras de atuação, guias de procedimento.

É a este conjunto de solicitações que procura também responder o *Livro de São Cipriano*.

No seu estudo sobre as religiões, João do Rio[23] confirma de modo muito direto a importância do livro, dizendo-o base e fundo de toda a ciência dos crentes:

> Os maiores alufás, os mais complicados pais de santo têm escondida entre os tiras e a bicharada uma edição nada phantástica do *S. Cipriano*. Enquanto creaturas chorosas esperam os quebrantos e as misturadas fataes, os negros soletram o *S. Cipriano*, à luz dos candeeiros.

Afirma, no entanto, Afra Marluce, que é muito raro receber-se São Cipriano em terreiros, e que ele é misterioso até nisso. Muito curiosa é porém a interpretação de Arthur Ramos[24] sobre a questão editorial que envolve o livro, dizendo-nos assim:

> É toda uma religião mágica em que intervêm os processos de magia imitativa e contagiosa. O assunto é imenso e há a colher todo um folclore cristão no Brasil. Parte do material já foi colhido por alguns dos nossos folcloristas e contribui também para o *Livro de São Cipriano*, ou o *Livro da Bruxa* das edições Quaresma.

Sabe-se que não é bem assim, que estes textos já estão no reconhecimento geral e foram criados a partir de outros textos, e que são muito fortes os trânsitos entre a tradição oral e esta escritura. Alimenta-se daquilo que vem por força da tradição religiosa judaico-cristã, juntando-se à afro-brasileira.

Renato Ortiz[25] analisa o branqueamento que se dá na umbanda, a aproximação da classe média e os problemas relativos à integração cultural e de classe. O que ele diz sobre a umbanda pode nos ajudar na interpretação do fenômeno editorial, pois trata de uma religião que no passado foi perseguida pelas forças policiais, ridicularizada pela sociedade, e transforma-se numa instância legítima, podendo desfrutar de uma posição de igualda-

---

23. João do Rio, *As Religiões no Rio*, Ed. Nova Aguilar, 1976, p. 174.
24. Arthur Ramos, *Aculturação Negra no Brasil*, ed. cit., p. 257.
25. Renato Ortiz, "A Morte Branca do Feiticeiro Negro", *Religião e Sociedade* 1:31-42, São Paulo, 1977.

de com outras religiões, dentro do mercado religioso. Também Diana Brown[26] traz para o caso uma importante contribuição quando trata da legitimação religiosa com o apoio da política e da classe média, um contato com os meios de comunicação e a burocracia.

---

26. Diana Brown, "O Papel Histórico da Classe Média na Umbanda", *Religião e Sociedade* 1:31-42, São Paulo, 1977.

São Cipriano

Antigo e verdadeiro livro de sonhos, cartomancia e receitas.

5. Memória, Magia, Tramóia

CULTURA E EDIÇÃO POPULAR

> *Sociedades profundamente fragmentadas ideologicamente, em relação às quais só podemos falar de mitologismo em termos fragmentários ou metafóricos de quase mitologismo*[1].

Aproveito para dizer que considero *O Queijo e os Vermes*[2] de Carlo Ginzburg um importante estudo sobre cultura popular. É um roteiro que nos leva do construir história a recebê-la, urdidura concreta de uma personagem – o moleiro, do documento à ficção, em seu extraordinário monólogo-diálogo, plenitude de existir pela fala, grandeza do questionamento, única justificativa para a existência.

Neste texto vão aparecendo algumas das questões de que trato, ao abordar o *Livro de São Cipriano*, e o universo de leituras do moleiro inclui, por exemplo, a *Legenda Dourada*. É aí muito bem captada a relação sintética e visionária entre o repertório escrito e livresco e, ao mesmo tempo, a força de amálgama da oralidade,

---

1. E. M. Mieletinski, *A Poética do Mito*, trad. Paulo Bezerra, Rio, Forense, 1987, p. 183.
2. Carlo Ginzburg, *O Queijo e os Vermes*, São Paulo, Cia. das Letras, 1987, pp. 18-20.

por onde transitam as "heresias", uma organização de saberes próprios do mundo popular.

No entanto, em prefácio posterior à data da 1ª edição da obra, que é de 1976, o autor faz uma resenha crítica dos estudos de cultura popular e caminha para a posição de que há, nitidamente, uma cultura produzida pelas classes populares, em oposição àquela *imposta* a elas[3]. Esta dicotomia me parece excessivamente rígida e carece de revisão. A postura manifesta neste texto-prefácio de Ginzburg vai ao encontro da de Muchembled[4], em seu importante estudo sobre culturas populares e das elites. É que se tem como pressuposto que não há alternativas, para além da destruição, diante de fortes imposições trazidas pela transformação social. Os livros populares estariam sendo vistos como coisa extinta, pertencentes a um passado inexorável da cultura popular, como algo que não se reorganiza para sobreviver, não se fazendo caso das possibilidades de adaptações que a vão transformando.

O que esta pesquisa sobre livros populares no Brasil me fez ver é que o universo levantado por Bollème e Mandrou deixa pistas, por onde se tem de passar, para entender a teia completa de mediações que vai da produção à recepção, para avaliar os processos, trâmites, conseqüências da produção desta literatura popular brasileira, que parte de fundações tradicionalmente populares e vai transitando gradualmente para a de massas. Há passagens sutis que vão da produção à recepção, níveis diversos de extinção e aproveitamento de temas e linguagens, articulações diversas do antigo popular num outro, que compõem uma faixa que até poderíamos chamar de um popular / massivo.

Condenar esta literatura e considerá-la apenas imposta é proceder como os positivistas, que exilavam as "bárbaras crenças" das práticas científicas.

Temos de entender, de um lado, a "tramóia", toda a fragmentariedade, que é dispersiva e retardadora de um avanço conceitual, ou mesmo do processo social em seu conjunto, mas também ver que ela afirma um acervo de formulações, que tem agora sobretudo a ver com as religiões populares das massas ur-

---

3. Ver a propósito desta discussão o balanço feito por Hans Jurg Lüsebrink in *I. E. T. E. d'études du XVIII siècle*, n. 18, Paris, 1986 (*extrait*). Também o "Avant propos" de Roger Chartier em *Lectures et Lectures dans la France d'Ancien Régime*, Paris, Seuil, 1984.

4. R. Muchembled, *Culture Populaire et Culture des Elites...*, Paris, Flammarion, 1978. É um trabalho indispensável para quem queira avançar na discussão das culturas sobrepostas.

banas, como tão bem nos apresentou Cândido Procópio. Ainda respondem pela permanência de um repertório da tradição popular dos causos e dos contos, de uma oralidade que ainda se faz presente e com muita força em nossos âmbitos populares.

A este respeito, as observações de Paolo Carile[5] combinam com as minhas, e ele, de certo modo, responde às críticas que se possam fazer, ao fato de não pensar a *Bibliothèque Bleue* como coisa imposta. Comenta que o livreto de *colportage* fornece uma cultura aceita, digerida, assimilada, durante séculos, pelos meios populares.

Aqui o material conseguido é que vai fornecer as balizas, para melhor entendimento de certas questões teóricas, como as da imposição e reinterpretação.

O fragmentário é princípio desta atuação editorial; é que se aproveita o estilhaçamento conceitual, o desenraizado, a incerteza psicológica[6], para oferecer um conjunto caótico, aquilo que é um *digest*, ou algo preparado para sê-lo.

Bem diferente seria o caso da literatura de folhetos populares, conhecida como literatura de cordel, produzida pelas classes populares, que detém a unidade de certas concepções de mundo, que forma em sua variedade de temas um grande discurso sobre a vida e o cosmo, sobre "mitos" e "sucessos", como um grande texto que mostra, em termos de unidade, uma grande coerência. Atualmente ela é produzida industrialmente em São Paulo e devolvida a muitas cidades do Brasil, ao sertão nordestino de onde provém.

Esta outra literatura, composta de brochuras populares, de estórias, de livros de sonhos, de livros religiosos e almanaques, seria aquela "imposta" às classes populares por uma indústria uniformizadora e massacrante, que só faz se aproveitar da "crendice" popular?

Ocorre que a observação nos leva a ver que os fenômenos são muito mais complexos, e há permanentes trânsitos entre uma e outra; há faixas de grupos sociais diversos, que têm acesso a elas conforme momento, situação, necessidade, migrando os temas e os processos.

Acho que não podemos pensar apenas em termos de *imposição*, no caso da *colportage* nem no desta literatura popular, pro-

---

5. "Frammenti di un discorso storico de Paolo Carile", *La Bibliothèque Bleue*, Bari-Paris, Adriaticae Nizet, 1981, pp. 67-90.
6. Muchembled, "Le monde immobile de la littérature de colportage", *La Bibliothèque Bleue*, ed. cit., pp. 151-58.

duzida por editoras brasileiras de periferia, que atendem à cultura das bordas, uma cultura, é bem verdade, administrada por uma indústria da tramóia, que vem de muito longe, ao longo de séculos, e que na América Latina encontra terreno ideal para prosperar.

Passa por elas o engodo que se dirige às classes populares, mas não é isso tão-somente. Não se poderá falar de passividade de quem a recebe mas também de um reconhecimento de temas e de linguagens, de modos de ver e de dizer; dentro da fragmentariedade terminam sendo reconhecidos crenças e saberes, que se arranjam nos textos. Os livros arrumam conjuntos que trazem a unidade daquela outra literatura popular, cada tema se enraíza num discurso; tem a ver com a unidade das formulações populares, profundamente, ou é apenas simulacro, que se faz passar por ela mas que termina sendo reconhecida por elementos comuns, e recupera traços fundamentais.

Aponta Muchembled, ao falar da literatura de *colportage* na França, para uma *linguagem veicular inventada*, que permitiria preencher o abismo cultural e sócio-econômico aberto entre "dominantes e dominados". Esta linguagem de mediação seria o que se pode denominar cultura de massa, modelada pelas "elites" mas acessível ao povo.

Aqui, mesmo aceitando que fosse esta linguagem das brochuras populares inventada para preencher vazios, há muitos fatores intervenientes. Em primeiro lugar, ela não é produzida pelas "elites" para se impor ao povo. Ela é gestada e produzida dentro do âmbito desta cultura das bordas, aquela que não é a cultura oficial; ela é trazida e recriada por indivíduos que participam desse mesmo *continuum* de visão de mundo e repertório, com diversas gradações. Há a recuperação de linguagens em depósito, de saberes enraizados no universo popular, há uma força de resistência que não se pode negar e que até se transforma em não-resistência e acomodação social, em conservadorismo político.

Mas ela tem também aquela vitalidade do uno, que aponta Gramsci[7], a influência de "mitologias" religiosas[8] apesar do *espírito de cisão* indispensável a uma concepção de massas.

---

7. Ao longo de todo o trajeto de anos, muitos trabalhos e longas discussões sobre o complicado problema das culturas populares, vai-se passando por Gramsci e por seus continuadores. Ver o excelente número da revista *Comunicación y Cultura* n. 10, México, 1983.

8. Ver "Questão Popular", *Arte em Revista* n. 3, São Paulo, um indispensável instrumento de trabalho, e especialmente para o nosso caso "Notas sobre a Cultura Popular" de Marilena Chauí, pp. 15-21.

O conceito de elemento residual, e não apenas arcaico, vai ser aqui da maior importância. O residual e o emergente ocupariam lugares homólogos na formação cultural dominante. O universo desses livros é um residual, sempre pronto a se tornar emergente, seguindo potencialidades e expectativas.

Avaliar tudo isso implica um cuidado permanente, um ir e vir, uma visão que para ser crítica precisa estar pesando, o tempo todo, razões e desrazões, avanço e conservadorismo, prazeres e equívocos.

Geneviève Bollème vê os livros que estudou abrindo-se para se transformarem num diálogo com o social. Há, diz ela, neste movimento, neste diálogo, o outro lado do livro. O leitor pede e o livro responde, embora não seja escrito pelo povo. Diz ela ser esta troca tão forte que modifica o texto, transforma, acrescenta flutuações, chamadas de deformações mas que são, de fato, a língua que o povo fala.

É claro que este diálogo não pode ser tomado ao pé da letra; tem-se sempre de contar com um jogo entre o popular e o outro, entre aquilo que é de dentro e o que vai sendo trazido, com aquilo que provém da mistificação em função do lucro imediato, e que procura ocupar todos os espaços disponíveis. Mas no Brasil, este jogo entre o produtor e o receptor, passando pela veiculação do que se pretende conseguir, é também a passagem de um repertório comum entre eles.

No conjunto de textos que estudei, encontro sempre a provocação para pensar o quanto se tomaram estas literaturas populares como forma de evasão. Todas trouxeram as receitas da felicidade, o desejo de ser feliz e de viver bem, o acreditar no mito e até no engodo, para poder sobreviver. Vejo, porém, que os livros destas editoras populares procuram passar, para além da evasão, a possibilidade de atuação de maneira prática, oferecendo também tratados, guias como os *Secretários de Amor* ou *Secretários Comerciais*, métodos para aprender isto ou aquilo, para o enfrentamento da vida prática.

Referindo-se à *colportage*, diz-nos a pesquisadora francesa que esta literatura popular é sempre receita contra algo, discurso mágico para afastar a morte, o medo, a miséria, e que se instaura um outro mundo para, ao mesmo tempo, domar e conquistar aquele em que se vive. Assim também a grande importância de textos que organizam a praticidade da magia, a operação de preparar *os pactos*, os meios possíveis de ação. Pode-se mesmo falar de uma arte para poder suportar melhor os enganos e os engodos, as dificuldades causadas pela perpetuação de um estado fragmentário de saber. Durante muitos séculos, almanaques conseguiram ser o livro da classe mais modesta, que lia pouco na Europa[9]. Rabelais, como nos lembra Bakhtin, já os criticava por abusarem da "credulidade popular", e é sobre esta questão de abuso de credulidade, que se devem assentar algumas questões para a apreciação desta literatura popular, de tipo almanaque, que se fabrica em países como Brasil, Portugal, México etc.

De um lado, esta literatura é aquela que se tem, e que nestas condições se continua a ter; é aquela que é reconhecida e identificada, a que recupera memória narrativa e oralidade, que corresponde às expectativas religiosas populares, ao seu modo de expressar-se. De outro, o abuso da "credulidade", entendendo este termo não como repreensão mas como possibilidade de crer, faz viáveis coisas absurdas, prestando um serviço de desinformação, verdadeiramente lamentável. Não estou pensando em coisas absurdas por critérios de minha lógica mas em disparates, dados falhos em termos do mundo do próprio texto popular, material forjado ou apropriado para atender a necessidades mais urgentes de lucro etc.

Não me refiro, no entanto, ao universo propriamente dito do *Livro de São Cipriano*, nem o considero ilógico em si. Ele é o mesmo que abrigou, junto aos públicos populares, os relatos da legenda do Fausto, como tão bem exemplifica Benjamin[10], nos seus relatos radiofônicos. Ele também comenta as façanhas dos Faustos populares, as magias naturais e inaturais, os livros de conjuros de que existem diversas versões e mostra como no *Fausto* de Goethe transparece este universo, e há o recurso a livros do tipo do de São Cipriano ou *As Claviculas de Salomão*.

Nos estudos sobre a Bibliothèque Bleue é comum a alusão à mistura de restos pagãos e textos cristãos, assim também de obras de feitiçaria com as de devoção. As próprias narrativas de vidas de santos exaltam um destino de santificação. Os comentários de Mandrou se inclinam com simpatia para a *Légende Dorée*. Diz das belas-letras populares e fala-nos do jogo presente entre Deus e o Diabo. É a afirmação cotidiana do milagre, o reduto da parte hagiográfica do fundo editorial, conceito este que vai interessar de perto no caso de livros como o de *São Cipriano* e correspondentes, a *Bruxa de Évora*, *As Claviculas de Salomão*, "região de encontro de todas as formas taumatúrgicas". Há o recurso cons-

---

9. Venho citando regularmente Geneviève Bollème, nos seus vários trabalhos, que constam da bibliografia geral.

10. "El Berlin Demónico", *Relatos Radiofónicos de Walter Benjamin*, Barcelona, pp. 97-105.

tante à intervenção miracular, crenças meio empíricas, meio científicas, que nutrem as concepções populares do mundo visível.

O *Livro de São Cipriano*, egresso deste *fundo* de que trata Gramsci, onde convivem o mundo taumatúrgico, formas precedentes do catolicismo oficial e incorporação dos movimentos heréticos, não pode ser nunca interpretado apenas como uma tramóia imposta, algo que vem de fora. Duas dimensões abarcam o texto em seus princípios: o da concepção de mundo e o da atitude prática. Há aí a força do apontado materialismo da religião popular, em oposição à especulação idealista dos teólogos.

Ideologia, conformismo social e ação editorial levam a questionar, no entanto, sobre isto, sobre os substitutivos ideológicos. Fala-se que no repertório dos livros de *colportage* não comparece a descrição da sociedade do tempo.

No *Livro de São Cipriano* há certos textos, há sintomas, procedimentos e recursos, que nos falam de práticas sociais presentes, linguagens que vão inserindo, no texto mítico, uma geografia visionária no tempo presente. Em meio às lendas e estórias do passado se coloca viva a Bahia de hoje, a poluição apocalíptica na cidade de São Paulo.

Diz-nos Mandrou[11] que nos livros de *colportage* o fatalismo do destino individual, o segredo do alquimista e as revoltas populares não afloram jamais. Aqui, por mais que muita coisa seja pré-copiada, apropriada e destacada da realidade social e política, posta de lado ou seja trazida congelada, termina através destas interferências, da própria seleção, das notas e dos prefácios, fazendo um certo diálogo entre o texto e o caminho das massas populares no Brasil.

Dá-se um diálogo entre esta indústria editorial das bordas, responsável por grande massa de leitura das classes populares e a tradição oral, contando com princípios e práticas que já trazem os receptores dos textos, em suas opções religiosas, em suas demandas emocionais, seguindo também os rumos desta nova, intensa e atuante religiosidade popular que é a umbanda.

Mandrou se questiona sobre a interferência ideológica direta dos editores da literatura de *colportage*. Seriam eles agentes ideológicos da monarquia? Poderíamos igualmente indagar sobre o papel das editoras populares de hoje como representantes de uma atividade industrial predatória e embusteira. No caso do francês, nada leva a concluir que tenha havido uma vontade deli-

---

11. Ver o indispensável estudo de Robert Mandrou, *De la Culture Populaire...*, Paris, Stock, 1975.

berada desta ordem. Os Oudot, Garnier e seus concorrentes fizeram fortunas, colocando à disposição de um vasto mercado uma produção que lhes pareceu corresponder aos gostos, às necessidades deste público, que a chamada produção culta dos livros e da arte não alcança.

Eu vejo que não há uma interferência meramente ideológica nos processos. O que há é o aproveitamento de uma demanda e de um negócio. Estes textos editados agora são, de fato, um reforço para o obstáculo já existente, que dificulta a tomada de consciência das condições sociais e políticas a que estavam submetidos os meios populares, e estão agora. Não são porém os causadores destes fenômenos, apenas o endosso, e permitem passagens sutis no fluxo que se estabelece entre produção e leitura. Verdadeiros conglomerados, eles são suportes da tradição oral e escrita ao mesmo tempo, entre a oralidade e a escritura, entre o bloqueio e a capacidade de rompê-lo. Daí a importância da descrição destes materiais para uma sociologia do livro e da cultura brasileira, em que se descobrem elementos de resposta a muitas questões da editoração em geral e da edição popular, voltada para os públicos populares das grandes cidades, das razões destes públicos.

Há aí o fragmentário, o possível, o mistificado, o engodo, mas há um suporte do tradicional, do mistério que é a própria explicação temerária e audaciosa do mundo. Para condená-los e vinculá-los interpretando-os, sem mediações, como cultura imposta, teríamos de condenar tudo, todos os antigos saberes como reacionários, os lunários perpétuos, os calendários, os almanaques de farmácia etc. Eles dão amostra da transição possível do religioso popular interdito e perseguido, dos ritos pré-cristãos até a passagem pelas ortodoxias oficiais da Igreja, chegando à incorporação dos modismos místicos de massas como, por exemplo, meditação e "coisas" indianas.

Será preciso ver tudo o que esta literatura conglomerada, tantas vezes falaciosa, inscreve no escrito; tudo o que ela inflete para o útil, para a prática. Se ela não é uma literatura apenas de tradição oral, não deixa de o ser; leitura e escritura são necessárias para a incorporação de um lastro, muito antigo, bem engastado e, em certo sentido, até revolucionário. Bastou lembrar, por exemplo, a Inquisição e perseguições sofridas, e o que torna específico, decididamente uno, este universo que, certo ou errado para nós, é aquele que pertence a grande número de pessoas e que enriquece o nosso de formas e concepções muito próprias, que permanecem no universo dos públicos populares ainda hoje.

PONTOS DE PERCURSO

Algumas noções têm de ficar assentes, para que se organize o entendimento de matéria tão fluida e espalhada a partir de certos eixos:

O Contínuo Mediúnico

Nesta produção de livros populares, o *Livro de São Cipriano* tem de ser observado, levando-se em conta, para a garantia de sua vitalidade e permanência, o fato de existir um *contínuo mediúnico*[12].

O conceito, tão bem formulado por Cândido Procópio, nos leva a perceber onde e como circula e a quem, principalmente, se dirige. Ele é responsável pela formação de uma espécie de público permanente e concentrado, entre outros esparsos, e sobretudo crescente nas grandes capitais brasileiras.

O Contínuo Textual

A noção de um *contínuo textual*, seja a formação de um grande texto, sem limites, e que vai sendo apropriado aqui e ali, copiado diretamente, transcrito, em adaptação e abrigando também processos criadores. Aquilo que se chamou de *Livro de São Cipriano* foi buscando no escrito e no oral a força de um caminho legendário, a persistência de uma transmissão iniciática, e, como se viu, é um texto desbordante e incontrolável, sempre aberto a novos resgates e novas criações ou apropriações. Contém partes de livros de outros gêneros, e que servem ao mesmo público.

Abro, por acaso, um *Breviário de Nostradamus*, nitidamente copiado de originais portugueses, da mesma editora que já tinha publicado um *Livro de São Cipriano*, e encontro alguns textos que são comuns aos dois livros e ainda ao *Cipriano das Almas* da Editora Eco. Encontro também dados errados, incongruências absurdas, copidescagens que resultam em "crioulos doidos", inversões temporais etc., e até algumas ilustrações são as mesmas.

No Capítulo V, que trata de Grimórios ou Engrimanços, acham-se roteiros do São Cipriano, em muitas de suas seqüências, das *Clavículas de Salomão*, e em comum, estão muitos elementos que pertencem a todos estes textos.

---

12. Refiro-me a "Contínuo Mediúnico", apesar de se distinguirem segmentos definidos neste contínuo, como sugere Maria Laura V. C. Cavalcante em *O Mundo Invisível*, Rio, Zahar, 1983.

Existe uma narratividade difusa, que se vai recuperando, e que não se deixa perder. Estes livros trazem, em sua aturdidora mistura de assuntos, algumas narrativas, que vão, desde a famosa seqüência ou seqüências da *Vida, Paixão e Morte*, transformando-se sempre na conversão e martírio de Cipriano e Justina, como de outros santos, até um conjunto bem mais significativo de narrativas encaixantes e alternadas, que vão compondo um corpo de leituras e de encantamento romanesco das classes populares, expulsas da leitura por vários motivos, e no Brasil sem ter sequer chegado a ela.

Aliás, é preciso pensar em termos proporcionados e contextuados a narratividade, que Benjamin no seu extraordinário ensaio[13] denuncia como esgotada naquele tétrico momento do nazi-fascismo, o que costuma ser aproveitado para explicar o que acontece com as culturas populares e o seu esmagamento pela indústria cultural e pelas formas desgastantes de vida, no capitalismo industrial, hoje. Em verdade, acho que é preciso um perspectivismo que traga mediações para interpretar a "morte da narratividade". Creio que aqui, e em nosso caso, é claro que se perde o fluxo original de narrativas, que caracteriza as comunidades coesas, mas é preciso também ver que há toda uma dinâmica social que transfere as antigas narrativas, desloca-as de espaço, faz com que elas passem da oralidade para outros meios, os da imprensa, da televisão etc.

Na América Latina, Jesus Martin Barbero[14] foi um pioneiro em chamar a atenção sobre este assunto. Para a idéia de que não existe uma rotura ou incompatibilidade entre o popular tradicional e o de massas, e que foi havendo uma passagem gradual entre um e outro.

Como fui mostrando no trabalho com os *Livros de São Cipriano*, surge nestas edições espaço para as narrativas orais, as antigas impressas se deslocam, em suas transformações, vão aqui marcando sua presença, o que justifica chamar o livro de uma "legenda de massas". As estórias populares, o encantamento de contar e de ouvir se realiza em grandes tiragens, que naturalmen-

---

13. Este famoso e notável texto do teórico alemão sobre narratividade é freqüentemente usado e, às vezes, com o espírito da escola de Frankfurt, transposto diretamente ao nosso tempo. Servi-me da edição francesa "Le narrateur", *Essais* 2, Paris, Denoël-Gonthier.

14. Jesus M. Barbero, "Memoria Narrativa y Industria Cultural", *Comunicación y Cultura* 10:59-73, México, agosto, 1983. Ver Paul Zumthor, *La lettre et la voix*, Paris, Seuil, 1979, quando nos diz que a cultura de massas substitui, prolongando, uma velha poesia vocal.

te envolvem imprecisões e mistificações. Vão também ocupar outros meios como rádio, tevê, cinema, em suas formas populares, os dramalhões e o pornô, por onde se transforma o épico.

Estes livros contam, nos entremeios de mágicas, esconjuros e rezas, episódios, "causos" que cumprem sua função de articular antigas estórias, que vêm de um lastro de memória, e partem para uma outra detonação da sede de ouvir e narrar.

Lyotard aponta a narratividade[15] como condição da cultura pós-moderna, enquanto forma de recuperação, que faz possível o enfrentamento das sociedades industriais informatizadas. Quanto aos nossos textos, não se trata de pós-moderno, pois em certos casos ainda nem sequer se alcançou a modernidade industrial, mas sobretudo da conservação necessária daquilo que ainda parece ser muito importante, como entretenimento das classes populares.

Como se pode seguir no livro português de São Cipriano, em meio aos engrimanços do camponês Victor Siderol há uma seqüência romanesca: o seu enamoramento por Manuela, assim como num Cipriano brasileiro comparece com perfeição a estória da Imperatriz Porcina e inúmeras outras estórias. Em verdade passam por aí as poucas formas de ficção lidas pelo povo, além dos crimes relatados pela imprensa sangrenta.

No mencionado *Breviário de Nostradamus*[16], encontramos uma narrativa curiosa, que é relatada numa descrição magistral das noites sabáticas, da "novela ocultista" *O Anjo de Fogo*, de Valério Briusov, autor russo dito do século XVI; sabe-se de fato que esta novela se passa no século XVI, mas o autor é do início do século XX. Os trechos transcritos nos lembram o bem-sucedido *A Erva do Diabo*, de Carlos Castañeda e há coisas que, por sua vez, remetem para o *Asno de Ouro* de Apuleio, eterna fonte:

Lembrando-me das construções de Renata, fechei a porta, à chave. Em seguida, tirei de um saco um pequeno pote que continha um ungüento que me dera Renata e pus-me a examiná-lo, vendo que consistia numa pasta oleosa, de cor verde-escura e de cheiro penetrante e desagradável. Despi-me completamente, sentei-me sobre um manto e fiz uma forte fricção com o ungüento mágico. Friccionei a fronte, o peito, os sovacos e o vão das pernas, repetindo as palavras emem-etan...
Ao tatear-me, notei que estava sentado sobre um bode, tal como me achava, inteiramente nu, e entre minhas pernas sentia o pelo crespo do animal...

---

15. Jean François Lyotard, *O Pós-Moderno*, Rio, José Olympio, 1986. Trabalho indispensável para pensar narratividade.
16. *Breviário de Nostradamus*, ed. cit.

O Contínuo Teatral - A Necessidade do Drama, do Diálogo, da Disputa

É algo que, como a narratividade, é indispensável ao enfrentamento da vida social e aqui também cumpre-se esta função. Assim perpassa pelo conjunto desses livros a forma dramática de expressar, sobretudo aquela que acompanha as várias narrativas de formulação do *pacto*. Os diálogos de Satanás com o Santo ou com seus pactuantes são sempre ricos de expressão e de formas teatrais, como uma construção de duas vozes em confronto, duas posições em disputa.

Assim como aparece nos textos da *Legenda Dourada* ou do *Flos Sanctorum*, a palavra se torna, de fato, uma preparação de rivais, onde o dramático se transforma em intensamente persuasivo. Há textos em que a legenda se transforma em didática, as representações dialogadas estão presentes nas orações, como é o caso das "treze palavras ditas e retornadas", em Lúcifer e o Anjo, nas disputas e freqüentes torneios verbais entre São Gregório e São Cipriano, entre Salomão e Lúcifer e muitos outros.

O drama da perdição ou da redenção de Cipriano, do feiticeiro ao santo, conta demais para a tão perfeita recepção desta estória. Tudo isto é bem visível nos antigos textos do São Cipriano, na legenda hagiográfica que Calderón aproveita de maneira magistral no seu *Mágico Prodigioso*, e que remete à composição de alguns textos fáusticos.

Tem também um importante papel neste conjunto a força da oratória e do sermão, dos livros de moral, transmitindo preceitos exemplares. Esta tradição da oratória vai se cumprindo tanto nas orações como nos textos que apontam para profecias e vaticínios. As orações são fragmentos em que há toda uma poética própria, de que se servem os compiladores e adaptadores das estórias, mantendo viva e eficaz esta tradição.

Tudo isto vai mais além; pode-se dizer que nas fórmulas mágicas, nas orações e em outros textos que compõem em alternância o espaço estrutural das narrativas, a voz em oração, prece, exorcismo, organiza toda uma "retórica" em que as pulsões vão criando força de uma linguagem, que de adeptos ganha cúmplices.

Quando destaquei o *Livro de São Cipriano*, quis colocar também em evidência a qualidade de alguns dos textos, a complexidade desta criação ou o registro próprio de cada re-criação. Trata-se da própria avaliação dos produtos que se destinam aos leitores populares, em que procuro processar a relação entre o "imposto" e a demanda, que se assenta nos antigos repertórios conservados e no conjunto de crenças e expectativas.

EL LIBRO DE SAN CIPRIANO Y SANTA JUSTINA

BENEDICAMUS DOMINO
JONES SUFURINO
1510

Indicações do Corpus

LIVROS BRASILEIROS

Editora Eco, Rio de Janeiro

O ANTIGO e Verdadeiro Livro de São Cipriano, por Possidônio Tavares. 13ª ed., s/d, 171 p.

O LIVRO de São Cipriano Feiticeiro, trad. do hebraico por Joaquim Botelho Sabugosa. 6ª ed., s/d., 239 p.

O ANTIGO e Verdadeiro Livro Gigante de São Cipriano, por Adérito Perdigão Viseu. 12ª ed., s/d., 365 p. (capa de aço).

O ANTIGO e Verdadeiro Livro Gigante de São Cipriano, por Adérito Perdigão Viseu. 12ª ed., s/d., 365 p. (capa preta).

O PODEROSO Livro de São Cipriano, por Joaquim V. Guimarães. s/d., 141 p.

O LIVRO de São Cipriano das Almas, por Julio Alcoforado Carqueja. 4ª ed., s/d., 221 p.

Editora Espiritualista, Rio de Janeiro

O ANTIGO Livro de São Cipriano, o Gigante Verdadeiro Capa de Aço, por N. A. Molina. 24ª ed. revista e ampliada, s/d., 507 p.

O LIVRO Negro de São Cipriano, por N. A. Molina. 8ª ed., s/d., 319 p.

SÃO CIPRIANO, sua Vida, Conversão, Martírio e Morte, s/d., 67 p.

Editora Prelúdio e Luzeiro, São Paulo

O LEGÍTIMO Livro de São Cipriano, por Urbain Laplace. Prelúdio, s/d.

SÃO CIPRIANO, o Legítimo Capa Preta, por Urbain Laplace. Luzeiro, s/d., 101 p.

Editora Pallas, Rio de Janeiro

O LIVRO Encarnado de São Cipriano, coord. Maria Helena Farelli. 5ª ed., s/d., 128 p. [Col. Além da Imaginação].

O TRADICIONAL Livro Negro de São Cipriano. Pesquisa, seleção e compilação do Departamento Editorial. 3ª ed., 176 p.

SÃO CIPRIANO; Antigo e Verdadeiro Livro dos Sonhos, Cartomancia e Receitas. 2ª ed., s/d., 96 p. [Col. Crença].

LIVRO de São Cipriano. Sem indicação bibliográfica nem data. Parece ter sido o texto base para a Pallas, 288 p.

Editora Quaresma, Rio de Janeiro

O GRANDE e Verdadeiro Livro de São Cipriano. s/d., 361 p. Através de processo de "maquilagem" se transforma em

O GRANDE e Verdadeiro Livro de São Cipriano. Rio, Ed. Spiker, s/d., 317 p.

Edições Brasil, São Paulo

O LIVRO Gigante de São Cipriano. s/d., 406 p.

LIVROS PORTUGUESES

Editora Lello, Porto

O GRANDE Livro de São Cipriano ou o Tesouro do Feiticeiro. 1976, 332 p.

Empresa Literaria Universal, Porto

O VERDADEIRO Livro de São Cipriano ou o Thesouro da Feiticeira. 1919, 255 p.

Editora Afrodite, Lisboa

GRANDE Livro de São Cipriano ou Tesouros do Feiticeiro. 4ª ed., Ed. Afrodite (Fernando Ribeiro de Mello), 1978, 355 p.

Importante é o fato de este livro estar sendo ainda (1976) publicado por uma editora importante como a Lello. Note-se que tem data. Cotejando esta edição com a citada da Editora Quaresma do Brasil, encontro que os dois livros são absolutamente iguais, até determinado ponto. O da Quaresma prossegue introduzindo o universo brasileiro.

LIVROS MEXICANOS

Ciências Ocultas e Anaya, México

EL LIBRO de San Cipriano; Libro Completo de Verdadera Magia; Tesoro del Hechicero. s/ind. editoriais, s/d., nueva edición ilustrada, 146 p., [Biblioteca Ciencias Ocultas].

EL LIBRO de San Cipriano; Libro de Verdadera Magia; El Tesoro del Hechicero. Anaya, s/d., 159 p.

Corresponde exatamente ao livro anterior.

Editora Roca, México

EL LIBRO de San Cipriano y Santa Justina. 1984, 96 p. + índice. [Colección Hermes].

Editorial Saturno, México

EL LIBRO INFERNAL; Tratado completo de Las Ciencias Ocultas que contiene El libro de San Cipriano. (nueva edición ilustrada), s/d., 432 p.

LIVROS CONEXOS

O LEGÍTIMO e Único Livro do Boi da Cara Preta; Livro do Touro Negro ou a Cara Negra. Rio, s/d., 228 p. e índice. [Série "São Cipriano"].

Note-se que não traz indicação de editora e diz-se trasladado em língua portuguesa e atualizado por Sirih Bakkatuyu, natural de Goa e Cavaleiro da Ordem de Belém.

O BREVIÁRIO de Nostradamus. São Paulo, Editora do Brasil, 1964, 231 p.

O VERDADEIRO Livro das Clavículas de Salomão. 6ª ed., Rio, Espiritualista, s/d., 104 p.

O LIVRO COMPLETO das Bruxas, por A. Schoked. São Paulo, Publicações Brasil, 239 p.

Refere-se a direitos autorais e de tradução devidos ao Instituto Internacional de Ciências Ocultas do México.

O LEGÍTIMO LIVRO da Cruz de Caravaca. Rio, Ed. Didática e Científica, s/d., 127 p.

LOS grandes secretos de Alberto el Grande. México, Ed. Nueva Xochitl, s/d., 207 p.

INDICAÇÕES BIBLIOGRÁFICAS

Faz-se aqui uma Bibliografia temática que ultrapassa o alcance das notas de pé de página. O objetivo é oferecer um conjunto referencial para o estudo do *Livro de São Cipriano*, para os livros populares, em geral, e para o universo dos livros de magia.

AARNE'S Anti-THOMPSON, Stith. "The Types of the Folk-tale; a Classification and Bibliography". *Communications* 74, Helsinki, Academia Scientiarum Fennica, 1908.

————. *Motif Index of Folk-Literature.* A Classification of Narrative Elements in Folk Tales, Ballads, Myths, Fables, Medieval Romances, Exemple, Fabliaux, Jest-books, and Local Legends. Helsinki, Academia Scientiarum Fennica, 1932, 6 vols.

BIBLIOGRAFIA do Folclore Brasileiro. Org. Bráulio do Nascimento. Rio, Divisão de Publicação e Divulgação, 1971, 353 p.

BIBLIOTECA Sanctorum. Roma, Instituto Giovanni XXIII – Pontificia Universitá Lateranense, 1963.

BIBLIOTHÈQUE Sacrée ou Dictionnaire Universel; historique, dogmatique, canonique... des Sciences Ecclésiastiques. Paris, Méquignon, 1822, t. VII.

BIOGRAPHIE Universelle ancienne et moderne. Paris, Michaud Frères, 1813, t. XII.

DICCIONÁRIO Apologético da Fé Catholica em que se contém provas da verdade e da religião. Porto, Antonio Dourado Editor Catholico, 1902, 2 vols.

DICIONÁRIO Contemporâneo da Língua Portuguesa de Caldas Aulete. Rio, Delta, 1958, 5 vols.

DICIONÁRIO Enciclopédico Literário (Litieratúrni Entziclopieditcheski Slovar). Moscou, Editora "Enciclopédia Soviética", 1987, 752 p.

DICIONÁRIO do Folclore Brasileiro, por Luís da Câmara Cascudo. Rio, Edições de Ouro, s/d., 930 p.

DICCIONARIO de la Literatura, por Federico Carlos Sainz de Robles. Madrid, Aguilar, 1964-67, 3 t.

DICIONÁRIO de Literatura; Literatura Brasileira, Literatura Portuguesa, Literatura Galega, Estilística Literária. Rio, Companhia Brasileira de Publicações, 1969, 2 vols.

DICTIONNAIRE Alphabétique et analogique de la Langue Française (Le Petit Robert) par Paul Robert. Paris, Societé du Nouveau Littré, 1972, 1970 p.

DICTIONNAIRE de Théologie Catholique (direction A. Vacant et Mangenot). Paris, Letouzey et Ainé, 1908, t. III.

DICTIONNAIRE des Héresies, des Erreurs et des Schismes ou Mémoires pour servir à l'histoire des Égarements de l'esprit humain par rapport à la religion chrétienne. Paris, J. P. Migne Ed. Atéliers Catholiques, 1863, t. II (Em apêndice o Index Librorum Prohibitorum).

DICTIONNAIRE des Sciences Occultes; suivi d'un Dictionnaire des Songes. Paris, Desclez Editeur, 1979, 412 p.

DICTIONNAIRE des Symboles, par Jean Chevalier et Alain Gheerbrant. Paris, Seghers, 4 vols.

DIZIONARIO di Erudizione Eclesiastica de S. Pietro fino ai nostri giorni. Venezia, Tip. Emiliana, 1842, vol. XIII.

ENCICLOPEDIA Cattolica; Ente per l'Enciclopedia Cattolica e per il Libro Cattolico Città del Vaticano. Firenze, 1949, vol. 3.

ENCICLOPÉDIA LITERÁRIA SUCINTA (Kra'tkaia Litieratúrnaia Entziclopiédia). Moscou, Ed. "Enciclopédia Soviética", 1962-1978, 9 vols.

ENCICLOPÉDIA Portuguesa e Brasileira. Lisboa, Rio, s/d., vol. VI.

ENCICLOPEDIA de la Religion Catolica. Barcelona, Dalman y Jover, 1951, t. II.

ENCICLOPEDIA delle Religione. Org. Mario Gozzini. Firenze, Ed. Vallecchi, 1970, 5 vols.

ENCYCLOPAEDIA Britannica; A New Survey of Universal Knowledge. Chicago-London, 1956, 24 vols.

FRENZEL, Elizabeth. *Diccionario de Argumentos de la Literatura Universal.* Madrid, Gredos, 1976, 496 p.

GRANDE ENCYCLOPÉDIE Illustré des Sciences Occultes. Paris, Argentor, 1952, 463 p.

LE GRAND DICTIONNAIRE Géographique Historique et Critique par M. Bruzen de Martinière. Paris, Chez Libraires Associés, 1768, t. 4.

LEXIKON für Theologia und Kirche begrundet von Dr. Michael Buberger. Freiburg, Verlag Herder, 1958, 14 vols.

NOVO DICIONÁRIO DA LÍNGUA PORTUGUESA por Aurélio Buarque de Holanda Ferreira (Novo Aurélio). Rio, Nova Fronteira, s/d., 1517 p.

The Oxford DICTIONARY of the Saints, org. David Hugh Former. Oxford, Oxford University Press, 1987, 478 p.

PATROLOGIAE, Cursus Completus; Omnium SS. Patrum Doctorum Scriptorumque Eclesiasticorum. Paris, in via Dicta Amboise, 1844, t. III.

The Penguin DICTIONARY of Saints, por Donald Attwater. London, London Penguin Books, 1983, 352 p.

PLANCY, M. Collin. *Diccionário Infernal* (traducido de la última edición francesa y adornado con un albun infernal). Barcelona, Ed. Taber, 1968, 805 p. e ilustrações s/ind. pp.

REALLEXIKON für Antike und Christentum. hrgs. von Theodor Krauser. Stuttgart, Anton Hierseman, 1957, band III.

Theologische *Realenzyklopaedie*. Berlin, Walter de Gruyter, 1977.

CULTURA POPULAR, BRUXAS, OCULTISMO

BAJTIN, Mijail, *La Cultura Popular en la Edad Media y en el Renacimiento; el contexto de François Rabelais*. Barcelona, Ed. Seix Barral, 1974, 430 p.

BARBERO, J. Martin. "Memória Narrativa e Indústria Cultural". *Comunicación y Cultura* 10: 59-73, México, agosto, 1983.

BAROJA, Julio Caro. *Teatro Popular y Magia*. Madrid, Revista de Occidente, 1974, 280 p.

BENICHOU, Paul. "Al Margen del Coloquio sobre el Romancero Tradicional", In *El Romancero en la Tradición Oral Moderna*. Madrid, Cátedra Seminário Menendez Pidal, 1972, pp. 297-301.

BENJAMIN, Walter, "El Berlin Demónico". In *Relatos radiofónicos*. trad. Joan Parra Contreras. Barcelona, Icaria, 1987, pp. 55-105.

BENJAMIN, Walter. *Documentos de Cultura, Documentos de Barbárie*. Seleção e Apresentação Willi Bolle. São Paulo, Cultrix/EDUSP. 201 p.

La BIBLIOTHÈQUE BLEUE nel Seicento; o della Letteratura per il popolo; com prefácio de Geneviève Bollème. Bari-Paris, Adriatica-Nizet, 1981, 203 p.

BOLLÈME, Geneviève. *Le peuple par écrit*. Paris, Éditions du Seuil, 1986, 281 p.

―――――. "Narration, littérature populaire et religion: une vie de Saint dans la Bibliothèque Bleue". In *La Bibliothèque Bleue nel Seicento*, ed. cit., pp. 33-43.

―――――. *La Bible Bleue; Anthologie d'une Littérature Populaire*. Paris, Flammarion, 1969. (possuo em xerox s/ind.).

―――――. *La Bibliothèque Bleue; littérature populaire en France du XVII au XIXe Siècle*. Paris, Julliard, 1971, 74 p. [Col. Archives Julliard].

BONILLA, Luis. *Historia de la Hechicería y de las Brujas*. Madrid, Ed. Biblioteca Nueva, 1962, 301 p.

BRAGA, Teophilo. *História da Poesia Popular Portuguesa*. Porto, Imprensa Portuguesa, 1867, 221 p.

―――――. *Os Livros Populares Portugueses*. Porto, Era Nova, 1901. Consultei em cópia de microfilme da Biblioteca Nacional, Rio (Secção de Livros Raros).

―――――. *As Lendas Christãs*. Porto, Ed. Lugan e Genelioux, 1892.

BRANDÃO, Théo. *Seis Contos Populares no Brasil*. Rio, Funarte, 1982, 142 p.

BREMOND, Claude; VERRIER, Jean. "Afanassiev et Propp". *Littérature* 45:61-78. Paris, 1988.

BURKE, Peter. "The Bibliothèque Bleue in Comparative Perspective". In *La Bibliothèque Bleue*, ed. cit., pp. 59-66.

―――. *Cultura Popular na Idade Moderna. Europa 1500-1800*. Trad. Denise Bottmann. São Paulo, Companhia das Letras, 1989, 385 p.

BUTLER, E. M. *The Myth of the Magus*. Cambridge, University Press, 1948, 281 p.

―――. *Ritual Magic*. Cambridge, University Press, 1980, 329 p.

―――. *The Fortunes of Faust*. Cambridge, University Press, 1979, 365 p.

CÂMARA CASCUDO, Luis da. *Anubis e Outros Ensaios*. Rio, O Cruzeiro, 1951, 281 p.

―――. *Cinco Livros do Povo: Introdução ao Estudo da Novelística no Brasil*. Rio, José Olympio, 1953, 499 p.

―――. *História da Literatura Brasileira: Literatura Oral*. Rio, José Olympio, 1952, 465 p.

CAMPOS, Haroldo de. *Deus e o Diabo no Fausto de Goethe*. São Paulo, Perspectiva, 1981, 241 p.

CARILE, Paolo. "Frammenti di un Discorso Storico-Antropologico sulle Bibliotèque Bleue nel Seicento". In *La Bibliothèque Bleue*, ed. cit., pp. 67-90.

CASTIGLIONI, Arturo. *Encantamiento y Magia*. México, Fondo de Cultura Económica, 1946, 426 p.

CESAR, Getulio. *Crendices: Suas Origens e Classificação*. Rio, MEC, 1975, 278 p.

CHAUÍ, Marilena. "Notas sobre a Cultura Popular". *Arte em Revista 3* ("Questão Popular") pp. 15-21. São Paulo, Kairós, 1980.

CHATEAUBRIAND, F. R. de. *Le Génie du Christianisme*. Paris, Hachette, 1902, 651 p.

COHN, Norman. *Europe's Inner Demons*. London, Granada Publication, Limited, 1976, 302 p.

―――. *Nas Sendas do Milênio. Milenaristas e Revolucionários e Anarquistas Místicos da Idade Média*. (The Pursuit of the milenium). Lisboa, Presença, 1981, 333 p.

Les CONTES BLEUS. Textes presentés par Geneviève Bollème et Lise Andriès. Paris, Ed. Montalba, 1983. [Bibliothèque Bleue].

CRIMENES y Misterios de la Inquisición (Diz-se compilado por Livonio Strazzi. s/ indicações editoriais, 193 p.).

DARNTON, Robert. *O Lado Oculto da Revolução*. Trad. Denise Bottmann. São Paulo, Companhia das Letras, 1988, 218 p.

DUMAS, François Ribadeau. *Arquivos Secretos da Feitiçaria*. Edições 70, 1971, 412 p. [Col. Esfinge]

ECO, Umberto. *O Nome da Rosa*. Trad. Aurora Fornoni Bernardini e Homero Freitas de Andrade. Rio, Nova Fronteira, 1983.

ELIADE, Mircea. *Occultisme, Sorcellerie et Modes Culturelles*. Paris, Gallimard, 1978.

EMÉRICO, Nicolau. *O Manual dos Inquisidores*. Lisboa, Afrodite, 1972, 325 p.

ENRICO, Cornellio Agripa. *A Cerimônia Mágica* (Filosofia Oculta). s.l., Ciências Ocultas, s.d., 143 p.

EYGUN, François. *Ce qu'on peut savoir de Mélusine et de son iconographie*. Paris, Pardes, s.d.

FRENCH, Peter J. *John Dee: The World of an Elizabethan Magus*. London, 1972, 243 p.

GINZBURG, Carlo. *O Queijo e os Vermes*. São Paulo, Companhia das Letras, 1987, 309 p.

Le GOFF, Jacques. *La Naissance du Purgatoire*. Paris, Gallimard, 1981.

GRAMSCI, Antonio. *Antologia*. Lisboa, Estampa, 1974, 2 vols.

GRIMOIRES et Rituels Magiques presentation, de François Ribadeau Dumas. Paris, Sciences Secretes Belfond, 1972, 245 p.

GUINSBURG, J. *Guia Histórico da Literatura Hebraica*. São Paulo, Perspectiva, 1977, 137 p. [Col. Elos].

GURJEWITSCH, Aaron J. *Mittelalterliche Volkskultur*. München, Verlag C. H. Beck, 1987, 416 p.

HOGGART, Richard. *The Uses of Literacy*. London, Penguin Books, 1977, 384 p.

JIRMÚNSKI, V. "Istória Leguêndi o Fáustie" (História da Lenda do Fausto). In *Ócherki pox Istórii Classítcheskoi Niemiétskoi Litieratúri (Ensaios sobre História da Literatura Clássica Alemã)*. Leningrado, Khudójertvienaia Litieratura, 1972, 122 p.

KERÉNYI, Karl. *Die Geburt der Helena*. Zürich, Rein Verlag, 1945, 139 p.

LÉVI, Eliphas. *Histoire de la Magie*. Paris, Ed. de la Masnie, 1986, 560 p.

MAFFEO, Francisco Scipião. *A Arte Mágica Anniquilada* (Trad. da língua italiana na portuguesa). Lisboa, Officina de Simão Thaddeo Ferreira, 1783.

MANDROU, Robert. *De la Culture Populaire aux XVII et XVIII siècles*. Paris, Ed. Stock, 1975, 258 p. [La Bibliothèque Bleue de Troyes].

———. *Magistrados e Feiticeiros na França do século XVII*. São Paulo, Perspectiva, 1979, 458 p.

MASON, Jayme. *O Dr. Fausto e seu Pacto com o Demônio*. s.l., Ed. Objetiva, 1989, 124 p.

MAURIANGE, Edith. *Arts populaires graphiques*. Paris, Ed. des Museés Nationaux, 1974, 64 p.

MELLO E SOUZA, Laura. *O Diabo na Terra de Santa Cruz*. São Paulo, Companhia das Letras, 1986, 396 p.

MENENDEZ Y PELAYO, Marcelino. *Historia de los Heterodoxos Españoles*. Buenos Ayres, Emecé, 19, t. III e t. V.

MOURALIS, Bernard. *Les contre-littératures*. Paris, PUF, 1975, 206 p.

MUCHEMBLED, Robert. *Culture Populaire et Culture des Élites dans la France Moderne (XVIe - XVIIIe siècles)*. Paris, Flammarion, 1978, 498 p.

———. "Le Monde Immobile de la Littérature de Colportage". In *La Bibliothèque Bleue*, ed. cit., pp. 152-158.

NAZÁRIO, Luis. "O Diabo e seu Papel Social". *Folha de São Paulo (Folhetim)* (Demônios e Bruxas). 3.4.87.

NISARD, Charles. *Histoire des Livres Populaires*. Paris, Maisonneuve & Larose, 1968, 2 vols.

NOGUEIRA, Carlos Roberto F. *O Diabo no Imaginário Cristão*. São Paulo, Ática, 1986, 93 p. [Série Princípios].

PALMER, Philip Mason & MORE, Robert Pattison. *The Sources of the Faust Tradition. From Simon Magus to Lessing*. New York, Haskell House, 1965, 299 p.

PAPUS. *Tratado Elementar de Magia Prática*. São Paulo, Pensamento, s.d., 552 p.

PEREIRA, Isaias da Rosa. "Processos de Feitiçaria e de Bruxaria na Inquisição de Portugal". In *Anais da Academia Portuguesa de História*, Lisboa, 1947, vol. 24, t. II, pp. 83-173.

PIOBB, P. V. *Formulário de Alta Magia*. Rio, Francisco Alves, 1982, 348 p. [Col. Arcanos].

PIRES FERREIRA, Jerusa. *Cavalaria em Cordel*. São Paulo, Hucitec, 1979, 149 p.

———. "Quero que vá tudo pro Inferno". *Comunicação e Sociedade* 13:5-14, São Bernardo, CNPq-IMS, 1985.

———. "Ouvindo e Lendo um Trancoso: O Ferreiro das Três Idades". *Rev. Educação e Cultura* 16:21-26, João Pessoa, 1985.

———. "Conto Russo em Versão Nordestina". *Revista de Antropologia* 23:102-133, São Paulo, 1980.

PONSIN, J. N. *La Sorcellerie Expliquée ou cours Complet de prestidigitation*. Paris, Librairie Encyclopédique de Roret, 1858, 427 p.

PRIMEIRA VISITAÇÃO do Santo Officio às partes do Brasil pelo licenciado Heitor Furtado de Mendonça. Denunciações da Bahia, 1591-1593.

PROPP, Vladimir J. A. *Edipo alla Luce del Folclore, quattro studi di etnografia storico-strutturale*. Torino, Einaudi, 1975, 161 p.

———. *Morfologia do Conto Maravilhoso*. Rio, Forense, 1984. Prefácio de Boris Schnaiderman.

———. *Las Raíces Históricas del Cuento*. Madrid, Fundamentos, 1974, 535 p.

ROLOFF, Hans Gert. "Anfänge des deutschen Prosaromans". In *Handbuch des deutschen Romans*. Ausg. Helmut Koopman. Düsseldorf, Pädagogischer Verlag Schwann Bagel, 1983. B.d., pp. 54-79.

SANCHEZ, Jorge Alejandro Gonzalez. *Elementos para uma Sociologia de las Culturas Populares*. Tese de Mestrado, mimeo. México, 1981, 197 p.

SELIGMANN, Kurt. *Le miroir de la Magie*. Paris, Ed. du Sagittaire, 1961, 424 p.

SEPHARIAL. *Manual de Ocultismo*. Rio, Francisco Alves, 1984, 273 p.

TEIXEIRA DE ARAGÃO. *Diabruras, Santidades e Prophecias*. Lisboa, Vega, s.d., 174 p. [Col. Janus, serie *Saturnalia*].

TRADUÇÃO da Defeza de Cecilia Farragó, acusada do crime de Feitiçaria. Lisboa, na Of. de Manoel Coelho Amado, 1775.

VASCONCELLOS, J. Leite de. *Tradições Populares de Portugal*. Porto, Livraria Portuense, 1852, 316 p.

———. *Opúsculos*. Lisboa, Imprensa Nacional, 1938, vol. V.

VIEIRA, Antonio. *Defesa Perante o Tribunal do Santo Ofício*. Salvador, Livraria Progresso, 1957, 2 vols. (com Introdução e notas de Hernani Cidade).

XIDIEH, Oswaldo Elias. *Semana Santa Cabocla*. São Paulo, I.E.B., 1972, 113 p.

———. *Narrativas Pias Populares*. São Paulo, I.E.B., 1967, 145 p.

ZUMTHOR, Paul. *Merlin le Prophète; un thème de la Littérature Polémique de l'Historiographie et des Romans*. Genève, Slatkine reprints, 1973, 301 p.

NARRATIVA, LITERATURA, SOCIOLOGIA DA CULTURA

ALLEN, Marguerite de Huzar. *The Faustlegend. Popular Formula and Modern Novel*. New York/Frankfurt, Peter Lang, 1983, 177 p.

BAKHTINE, Mikhail. *Esthétique e théorie du roman*. Paris, Gallimard, 1978, 488 p.

BARTHES, Roland. "L'ancienne rhétorique: aide-memóire." *Communications* 16:172-223. Paris, Seuil, 1970.

BENJAMIN, Walter. "Le narrateur". In *Essais* 2, Paris, Denoël-Gonthier, 215 p. [Col. Médiations].

BORGES, Jorge Luis. *Historia de la Eternidad*. Buenos Ayres, Emecê, 1953, 155 p.

BORMANN, Ernest G. "Symbolic Convergence Theory: a Communication Formulation". *Homo Narrans in Journal of Communication*. Autumn 1985.

---------. "Story Telling in Mass Culture and Everyday life". *Idem*.

BOURDIEU, Pierre. *A Economia das Trocas Simbólicas*. São Paulo, Perspectiva, 1974, 361 p.

CAMPOS, Haroldo de. *A Operação do Texto*. São Paulo, Perspectiva, 1976.

CHABROL, C. e MARIN, E. L. *Semiótica Narrativa dos Textos Bíblicos*. Rio, Forense, 1980, 133 p.

CHASSANG, Alexi. *Historia de la Novela y de sus Relaciones con la Historia en la Antiguedad griega y latina*. Buenos Ayres, Ed. Joaquin Gil, 1948, 530 p.

COSTA LIMA, Luis. *Aguarrás do Tempo*, Rio, Rocco, 1989.

CURTIUS, Ernst Robert. *Literatura Europea y Edad Media Latina*. Trad. Margit Frank Alatorre y Antonio Alatorre. México, Fondo de Cultura Económica, 1955. 2 vols.

DÉDÉYAN, Charles. *Le thème de Faust dans la littérature européenne*. Paris, Lettres Modernes, 1954, 55, 56. 3 vols.

ESCARPIT, Robert. *La révolution du livre*. Paris, Unesco, 1972. 168 p.

ESTIVALS, R. "Création, consommation et production intelectuelles". *Le Littéraire et le Social*, org. Robert Escarpit. Paris, Ed. Flammarion, 1970, pp. 165-204. [Col. Champs].

FREUD, Sigmund. "Una Neurosis Demoníaca en el Siglo XVII". In *Obras Completas*, Madrid, Biblioteca Nueva, 1973, t. III.

GRAMSCI, Antonio. *Literatura e Vida Nacional*. Rio, Civilização Brasileira, 1978, 173 p.

JAUSS, Hans Robert. *Pour une esthétique de la réception*. Paris, Gallimard, 1978, 305 p.

JOLLES, André. *Formes Simples*. Paris, Seuil, 212 p. [Col. Poétique].

LYOTARD, Jean François. *O Pós-Moderno*. Rio, José Olympio, 1986, 123 p.

MARTI, Antonio. *La Preceptiva Retórica Española en el Siglo de Oro*. Madrid, Gredos, 1972, 343 p.

MELLO e SOUZA, Antonio Candido. "O Escritor e o Público". In *A Literatura no Brasil*, dir. de Afranio Coutinho. Rio, Sul Americana, 1968, vol. 1, pp. 98-109.

---------. "Letras e Idéias no Brasil Colonial". In *História Geral da Civilização Brasileira*, org. Sergio Buarque de Holanda. São Paulo, Difel, 1968, vol. 2.

MIELIETINSKI, E. M. *A Poética do Mito*. Rio, Forense, 1987, 482 p.

ORECCHIONI, P. "Pour une histoire sociologique de la littérature". In *le Littéraire et Le Social*, org. Robert Escarpit. Paris, Flammarion, 1970, pp. 43-54 [Col. Champs].

ROBINE, N. "La Lecture". In *Le Littéraire et le Social*, org. Robert Escarpit. Paris, Flammarion, 1970, pp. 221-244 [Col. Champs].

SARLO, Beatriz y ALTAMIRANO, Carlos. *Conceptos de Sociologia Literaria*. Buenos Ayres, Centro Editor de América Latina, 1980, 152 p.

SCHOLES, Robert & KELLOG, Robert. *A Natureza da Narrativa*. São Paulo, McGraw Hill do Brasil, 1972, 234 p.

SIMÕES, Irene Jeanete Gilberto. *As Paragens Mágicas: Uma Proposta para a Poética da Narrativa em Guimarães Rosa*. São Paulo, Perspectiva, 1982, 191 p.

ZUMTHOR, Paul. *Langue, Texte, Enigme*. Paris, Seuil, 1975, 267 p.

————. *Introduction à la Poésie Orale*, Paris, Seuil, 1983, 307 p.

————. *a lettre et la Voix*. Paris, Seuil, 1987, 347 p.

TEXTOS E APÓCRIFOS

ACTA MARTYRUM. P. Theodorici Ruinart. Opera ac Studio, collecta, selecta atque illustrata, Ratisbonae, 1859, 676 p.

ACTA Sanctorum Septembris. Ex Latinis et Graecis (...) collecta, digesta e societate Jesu Presbyteris Theologis. Tomus VII. Antuerpiae, 1970. Edição facsimilada por Bernardim Alb Vander Plassche (Impression Anastaltique Culture et Civilisation, Bruxelles, 1970).

ACTOS dos Apóstolos VII e VIII in *A Bíblia Sagrada* contando o Velho e o Novo Testamento, com referências e na margem algumas palavras segundo o hebraico e o grego; traduzida em Português, segundo a Vulgata Latina por Antonio Pereira de Figueiredo. Lisboa, 1896/Depósito das Escrituras Sagradas.

APOCRIPHES éthiopiens, Les. (Traduits en français par René Basset); Les Prières de S. Cyprien et de Théophile. Paris, 1986. (Possuo em xerox da B. N. Paris).

BUTLER. *Lives of the Saints*. Ed. revised and supplemented by Herbert Thruston and Donald Attwater. London, London University Press, 1956, v. III, pp. 652-54.

CAECILI, Cypriani Carthaginensis Episcopis, totius Africae Primatis et Gloriosissimi. *Opera*. Antwerpiae, in Aedibus Petri Belleri, 1589, 531 p.

CONFESSIO sive Poenitentia Sancti Cipriani (Antiocheni). In *Opera S. Caecilii Cypriani*, Episcopi Carth. et martyris, t. II, Wirceburgi, Officina Libraria Stabeliana, 1782, pp. 399-451. (Trata-se de um apêndice à Obra de São Cipriano de Cartago.)

EUDOCIAE AUGUSTA. *De S. Cypriano*. In Graecae Ecclesiae Vetera Monumenta ex Biblioteca Medicae, s/ind. data.

FLOS SANCTORUM, Historia das Vidas e Obras Insignes dos Santos, primeira parte por Pedro de Ribadeneyra, religioso da Companhia de Jesus e outros autores. (Trad. João Franco Barreto.) Lisboa, na Officina de Manoel Lopes Ferreira, e à sua custa, 1704, 2 vols.

FLOS SANCTORUM ou Santuario Doutrinal que compreende o extracto, e relação dos mysterios, e festas e das vidas, e obras dos principaes santos martyres, confessores, e virgens,... por Fr. Francisco de Jesu Maria Sarmento. Lisboa, Officina de Simão Taddeo Ferreira, 1818, 2 t.

RIBADENEYRA, Pedro de. "Confessiones, epistolae aliaque scripta inedita". In *Monumenta Historica Societá Jesu*, 1920, fasc. 306, 318.

VINCENTIUS Bellovacensis. *Miroir Historial*. Paris, 1495, 3 vols. Além daquela de que me servi há no B. M. as seguintes edições sob as chamadas:
a) IB.22010 – Venetia 1494

b) C 22d15 – em pergaminho; há outra cópia in velum.

c) G 10566.67 – Paris, 1531.

VORAGINE, Jacques de. *La Légende Dorée*. Paris, Garnier, s.d., 2 vols.

———. *La Légende Dorée*. Chronologie et introduction par P^e Hervé Savon. Paris, Garnier-Flammarion, 1967, 2 vols.

VORAGINE, Jacobi a. *Legenda Aurea*. Vulgo historia lombardica dicta ad optimarum librarum fidem. Dresden, Imprensis Librariae Arnoldinense, 1866, 957 p.

VORAGINE de, Jacobus. *Legenda Aurea*. (deutsch) von Richard Benz. Jena, Eugene Diedrich, 1927. (Volksausgabe) 548 p. + indices.

HAGIOGRAFIAS E ESTUDOS HAGIOGRÁFICOS

BAHN, Theodor. *Cyprian von Antiochen*. Erlangen, Verlag von Andreas Deichert, 1882, 153 p.

BAYARD, Le Chanoine. *Tertulien et Saint Cyprien*. Paris, Lib. Lecoffre, 1930, 285 p.

BUONANNI, Domenico. *Dissertazione sulla vita de I Santi Cipriano e Giustina*. Napoli, Stamperia di Antonio Paci, 1803, 106 p.

BOUREAU, Alain. *La Légende Dorée: le systhème narratif de Jacques de Voragine*; préface de Jacques le Goff. Paris, Ed. du Cerf, 1984, 208 p.

CONZELMAN, Hans. "Apokryphen". In *Enzyklopaedie des Märchen*. Berlin, Walter de Gruyter, 1984, pp. 628-61.

DATTLER. *O Mistério do Satanás: Diabo e Inferno na Bíblia e na Literatura Universal*. São Paulo, Paulinas, 1977.

DELEHAYE, Hippolyte. "Cyprien d'Antioche et Cyprien de Carthage". In *Analecta Bollandiana*, Paris, Bruxelles, Societé des Bollandistes, Alphonse Picard et fils, 1920, t. XXXVIII, pp. 314-332.

———. *The Legends of the Saints*. London, Chapman, 1962, 252 p.

———. *Les Passions des Martyrs et les genres littéraires*. Bruxelles, 1966 (*Studia Hagiographica* n° 13 B), 332 p.

———. *Les Passions des Martyrs et les genres littéraires*. Bruxelles, Societé des Bollandistes, 1966, 332 p. (A 1ª edição é de 1921, e o texto foi escrito em 1917).

———. *Sanctus: essai sur le culte des saints dans l'antiquité*. Bruxelles, Societé des Bollandistes, 1927, 261 p.

———. *Les Légendes Hagiographiques*. Bruxelles, Societé des Bollandistes, 1955, 226 p + LII p.

EYSINGA. *La Littérature Chrétienne primitive*. Paris, Rieder et Cie., 1926, 231 p.

FESTUGIÈRE, O. P. *Antioche Palïenne et Chrétienne*. Paris, Ed. E. de Boccard, 1959.

GEBHARDT, Oscar von und HARNACK, Adolf. *Texte und Untersuchungen zur Geschichte der AltChristlichen Literatur*. Leipzig, Heinrich'sche Buchhandlung, 1899, vol. IV.

GOODSPEED, Edgar J. *The Martyrdom of Cyprian and Justa*. Chicago, University Press, 1903. (Historical and Linguistic Studies in Literature related to the new testament. 1rst series texts).

LEHMANN, João Baptista. *Na Luz Perpétua: Leituras Religiosas da Vida dos Santos de Deus, Para Todos os Dias do Ano*. Juiz de Fora, 1935, 2 vols.

LEMM, Oscar von. "Der Legende von Cyprian Antiochen". In *Mémoires de l'Académie Impériale de St. Pétersbourg*, t. IV, n° 6, St. Pétersbourg, 1899.

MARTIROLÓGIO ROMANO. Editado por ordem do Papa Gregório XIII; revisto por autoridade de Urbano VIII e Clemente X. Rio, Vozes, 1954, 341 p.

QUENTIN, Henri. *Les Martyrologes Historiques du Moyen Âge: Étude sur la Formation du Martyrologe roman*. Darmstadt, Scientia Verlag Allen, 1969, 745 p.

RADERMACHER, Ludwig. *Grieschische Quellen zur Faustsage; der Zauberer Cyprianus die Erzahlung des Helladris Theophilus*. Wien und Leipzig, Holder Tempsky, 1927.

SALVATORELLI, Luigi. *Storia della Letteratura latina Cristiana*. Milano, Casa Vallardi, 1936.

De SANCTO CYPRIANO, et de primaeva Carthaginensi Ecclesia, proponebat Licenciatus (Emilius Blampignon cui subest Simeonis Metaphraste Hagiographia) inedita. Paris, Firmin Didot, 1861, 203 p.

SCHNYDER, André. "Albertus Magnus". In *Enziklopaedie des Märchen, ed. cit.*, pp. 255-260.

TOTEKA, Donka Riitkanova. "Die Apokryphen in der byzantin Slav Welt". In *Enziklopaedie des Märchen, ed. cit.*, pp. 662-66.

A QUESTÃO RELIGIOSA

DONINI, Ambrogio. *Breve História das Religiões*. Rio, Civilização Brasileira, 1965, 363 p.

DURKHEIM, Émile. *As Formas Elementares da Vida Religiosa* (Introdução e Conclusão.) São Paulo, Abril Cultural, 1973, pp. 505-23 [Col. Os Pensadores, n° 33].

MELTON, J. Gordon. *Magic Witchcraft and Paganism in America: A Bibliography*. New York, Garland Publishing, 1982, 229 p.

MAX WEBER. *A Ética Protestante e o Espírito do Capitalismo* (Caps: II e V). São Paulo, Abril Cultural, 1974, pp. 181-238 [Col. Os Pensadores n° 37].

PORTELLI, Hughes. *Gramsci e a Questão Religiosa*. São Paulo, Paulinas, 1984, 230 p.

SIMON, Marcel & BENOIT, André. *El Judaismo y el Cristianismo Antiguo*. Barcelona, Labor, 1972, 305 p.

SCHOLEM, Gershom G. *A Cabala e seu Simbolismo*. São Paulo, Perspectiva, 1978, 240 p. [Col. Debates].

―――――. *A Mística Judaica*. São Paulo Perspectiva, 1972, 377 p. [Col. Estudos].

TAWNEY, R. H. *A Religião e o Surgimento do Capitalismo*. São Paulo, Perspectiva, 1971, 266 p. [Col. Debates].

WACH, J. *Sociologia de la Religión*. México, Fondo de Cultura Económica, 1957, 563 p.

WILSON, Bryan. *Sociologia de las Sectas Religiosas*. Madrid, Guadarrama, 1970, 253 p.

WUNENBURGER, Jean Jacques. *Le Sacré*. Paris, Presses Universitaires Françaises, 1981, 127 p.

CULTURA NEGRA E UMBANDA

AMORIM, Deolindo. *Africanismo e Espiritismo*. Rio, Mundo Espírita, 1949, 79 p.

BASTIDE, Roger. *As Religiões Africanas no Brasil: Contribuição a uma Sociologia das Interpretações de Civilizações*. São Paulo, Pioneira, 1971, 2 vols.

BROWN, Diana. "O Papel Histórico da Classe Média na Umbanda". *Religião e Sociedade* 6:31-42, São Paulo, 1977.

CÂMARA CASCUDO. Luis da. *Meleagro: Pesquisa do Catimbó e Notas da Magia Branca no Brasil*. Rio, Agir, 1978, 208 p.

CAMARGO, Candido Procópio Ferreira de. *Kardecismo e Umbanda*. São Paulo, Pioneira, 1961, 176 p.

CARNEIRO, Edison. *Candomblés da Bahia*. Edições de Ouro, 1967, 191 p.

———. *Religiões Negras: Notas de uma Etnografia Religiosa e Negros Bantos; Notas de Etnografia Religiosa e de Folclore*. Rio, Civilização Brasileira, 239 p.

CONCONE, Maria Helena Vilas Boas. *Umbanda: Uma Religião Brasileira*. São Paulo, FFLCH/USP/CER, 1987, 155 p. [Col. Religião e Sociedade Brasileira].

GONÇALVES FERNANDES. *O Folclore Mágico do Nordeste: Usos, Costumes, Crenças e Ofícios Mágicos das Populações Nordestinas*. Rio, Civilização Brasileira, 1938, 177 p. [Bibl. Divulgação Científica].

———. *Xangôs do Nordeste: Investigações Fetichistas do Recife*. Rio, Civilização Brasileira, 1937, 158 p. [Bibl. Divulgação Científica].

FREYRE, Gilberto. *Novos Estudos Afro-Brasileiros*. Rio, Civilização Brasileira, 1937/Trabalhos apresentados ao 1º Congresso Afro-Brasileiro do Recife; c/ prefácio de Arthur Ramos.

JOÃO DO RIO (Paulo Barreto). *As Religiões no Rio*. Rio, Nova Aguilar, 1976, 174 p.

———. *As Religiões no Rio*. Rio, Garnier, s.d., 245 p.

ORTIZ, Fernando. *Hampa Afro-Cubana: Los Negros Brujos: apuntes para un estudio de etnologia criminal; con una carta prólogo de Lombroso*. Madrid, América, 1917, 406 p.

ORTIZ, Renato. "A Morte Branca do Feiticeiro Negro". *Religião e Sociedade* 6:42-59, São Paulo, 1977.

PEREIRA DA COSTA, Francisco Augusto. *Folklore Pernambucano*. Rio, Leite, 1908, 641 p.

RAMOS, Arthur. *A Aculturação Negra no Brasil*. São Paulo, Nacional, 1942, 376 p.

———. *O Negro Brasileiro: Etnographia Religiosa e Psychanalise*. Rio, Civilização Brasileira, 1934, 303 p.

RIBEIRO, João. *O Elemento Negro*. Rio, Record, 237 p.

RODRIGUES, Nina. *O Animismo Fetichista dos Negros Bahianos*. Prefácio e Notas de Arthur Ramos. Rio, Civilização Brasileira, 1935, 199 p. [Col. Bibl. Divulgação Scientífica].

TRINDADE, Liana Salvia. *Exu, Símbolo e Função*. São Paulo, FFLCH/USP/CER, s.d., 236 p.

TEXTOS AFINS

CALDERON DE LA BARCA, Pedro. *El Mágico Prodigioso*. In *Obras*. Madrid, Real Academia Española, 1945, t. II, pp. 171-191. [Biblioteca de Autores Españoles].

GOETHE, John Wolfgang. *Faust. Der Tragödie.* Sttutgart, Philip Reclam Jr., 1972, 2 vols.

————. "Fausto". In *Obras Completas*; recopilación, preliminar, prólogos y notas de Rafael Cansinos Assens. Madrid, Aguilar, 1963, III vol., pp. 1135-62.

————. *Faust*. Traduction de Gérard de Nerval; Chronologie et préface par Jean Ancelet-Hustache. Paris, Flammarion, 1964, 178 p.

GOETHES, Faust. *Der Tragödie, ersteer und zweiter teil und Urfaust*; Kommentiert von Erich. Hamburg, Werner Verlag, 1963, 655 p.

HISTORIA von D. Johann Fausten. Kritische Ausgabe. Hrsg. Stephan Füssel und Hans Joachim Kreutzer. Stuttgart, Reclam, 1988, 355 p.

MUNDUS SYMBOLICUS. In *Emblematum Universitate*, compilado por D. Philippo Picinello, Arno, *apud* Haeredes Tjomae von Cöllen et Josephum Huisch, 1729, 2 vols.

SINISTRARI D'AMENO, Louis Mariae. *O Livro dos Demônios e dos Animais Íncubos e Súcubos*. Brasília, Coordenada Editora de Brasília, s.d., 111 p.

COLEÇÃO ESTUDOS

1. *Introdução à Cibernética*, W. Ross Ashby.
2. *Mimesis*, Erich Auerbach.
3. *A Criação Científica*, Abraham Moles.
4. *Homo Ludens*, Johan Huizinga.
5. *A Lingüística Estrutural*, Giulio C. Lepschy.
6. *A Estrutura Ausente*, Umberto Eco.
7. *Comportamento*, Donald Broadbent.
8. *Nordeste 1817*, Carlos Guilherme Mota.
9. *Cristãos-Novos na Bahia*, Anita Novinsky.
10. *A Inteligência Humana*, H. J. Butcher.
11. *João Caetano*, Décio de Almeida Prado.
12. *As Grandes Correntes da Mística Judaica*, Gershom G. Scholem.
13. *Vida e Valores do Povo Judeu*, Cecil Roth e outros.
14. *A Lógica da Criação Literária*, Käte Hamburger.
15. *Sociodinâmica da Cultura*, Abraham Moles.
16. *Gramatologia*, Jacques Derrida.
17. *Estampagem e Aprendizagem Inicial*, W. Sluckin.
18. *Estudos Afro-Brasileiros*, Roger Bastide.
19. *Morfologia do Macunaíma*, Haroldo de Campos.
20. *A Economia das Trocas Simbólicas*, Pierre Bourdieu.
21. *A Realidade Figurativa*, Pierre Francastel.
22. *Humberto Mauro, Cataguases, Cinearte*, Paulo Emílio Salles Gomes.
23. *História e Historiografia do Povo Judeu*, Salo W. Baron.
24. *Fernando Pessoa ou o Poetodrama*, José Augusto Seabra.
25. *As Formas do Conteúdo*, Umberto Eco.

26. *Filosofia da Nova Música*, Theodor Adorno.
27. *Por uma Arquitetura*, Le Corbusier.
28. *Percepção e Experiência*, M. D. Vernon.
29. *Filosofia do Estilo*, G. G. Granger.
30. *A Tradição do Novo*, Harold Rosenberg.
31. *Introdução à Gramática Gerativa*, Nicolas Ruwet.
32. *Sociologia da Cultura*, Karl Mannheim.
33. *Tarsila – sua Obra e seu Tempo (2 vols.)*, Aracy Amaral.
34. *O Mito Ariano*, Léon Poliakov.
35. *Lógica do Sentido*, Gilles Delleuze.
36. *Mestres do Teatro I*, John Gassner.
37. *O Regionalismo Gaúcho*, Joseph L. Love.
38. *Sociedade, Mudança e Política*, Hélio Jaguaribe.
39. *Desenvolvimento Político*, Hélio Jaguaribe.
40. *Crises e Alternativas da América Latina*, Hélio Jaguaribe.
41. *De Geração a Geração*, S. N. Eisenstadt.
42. *Política Econômica e Desenvolvimento do Brasil*, Nathanael H. Leff.
43. *Prolegômenos a uma Teoria da Linguagem*, Louis Hjelmslev.
44. *Sentimento e Forma*, Susanne K. Langer.
45. *A Política e o Conhecimento Sociológico*, F. G. Castles.
46. *Semiótica*, Charles S. Peirce.
47. *Ensaios de Sociologia*, Marcel Mauss.
48. *Mestres do Teatro II*, John Gassner.
49. *Uma Poética para Antonio Machado*, Ricardo Gullón.
50. *Burocracia e Sociedade no Brasil Colonial*, Stuart B. Schwartz.
51. *A Visão Existenciadora*, Evaldo Coutinho.
52. *América Latina em sua Literatura*, Unesco.
53. *Os Nuer*, E. E. Evans-Pritchard.
54. *Introdução à Textologia*, Roger Laufer.
55. *O Lugar de Todos os Lugares*, Evaldo Coutinho.
56. *Sociedade Israelense*, S. N. Eisenstadt.
57. *Das Arcadas do Bacharelismo*, Alberto Venancio Filho.
58. *Artaud e o Teatro*, Alain Virmaux.
59. *O Espaço da Arquitetura*, Evaldo Coutinho.
60. *Antropologia Aplicada*, Roger Bastide.
61. *História da Loucura*, Michel Foucault.
62. *Improvisação para o Teatro*, Viola Spolin.
63. *De Cristo aos Judeus da Corte*, Léon Poliakov.
64. *De Maomé aos Marranos*, Léon Poliakov.
65. *De Voltaire a Wagner*, Léon Poliakov.
66. *A Europa Suicida*, Léon Poliakov.
67. *O Urbanismo*, Françoise Choay.
68. *Pedagogia Institucional*, A. Vasquez e F. Oury.
69. *Pessoa e Personagem*, Michel Zeraffa.
70. *O Convívio Alegórico*, Evaldo Coutinho.
71. *O Convênio do Café*, Celso Lafer.
72. *A Linguagem*, Edward Sapir.
73. *Tratado Geral de Semiótica*, Umberto Eco.

74. *Ser e Estar em Nós*, Evaldo Coutinho.
75. *Estrutura da Teoria Psicanalítica*, David Rapaport.
76. *Jogo, Teatro & Pensamento*, Richard Courtney.
77. *Teoria Crítica I*, Max Horkheimer.
78. *A Subordinação ao Nosso Existir*, Evaldo Coutinho.
79. *A Estratégia dos Signos*, Lucrécia D'Aléssio Ferrara.
80. *Teatro: Leste & Oeste*, Leonard C. Pronko.
81. *Freud: a Trama dos Conceitos*, Renato Mezan.
82. *Vanguarda e Cosmopolitismo*, Jorge Schwartz.
83. *O Livro dIsso*, Georg Groddeck.
84. *A Testemunha Participante*, Evaldo Coutinho.
85. *Como se faz uma Tese*, Umberto Eco.
86. *Uma Atriz: Cacilda Becker*, Nanci Fernandes e Maria Thereza Vargas (org.).
87. *Jesus e Israel*, Jules Isaac.
88. *A Regra e o Modelo*, Françoise Choay.
89. *Lector in Fabula*, Umberto Eco.
90. *TBC: Crônica de um Sonho*, Alberto Guzik.
91. *Os Processos Criativos de Robert Wilson*, Luiz Roberto Galizia.
92. *Poética em Ação*, Roman Jakobson.
93. *Tradução Intersemiótica*, Julio Plaza.
94. *Futurismo: uma Poética da Modernidade*, Annateresa Fabris.
95. *Melanie Klein I*, Jean-Michel Petot.
96. *Melanie Klein II*, Jean-Michel Petot.
97. *A Artisticidade do Ser*, Evaldo Coutinho.
98. *Nelson Rodrigues: Drama e Encenações*, Sábato Magaldi.
99. *O Homem e seu Isso*, Georg Groddeck.
100. *José de Alencar e o Teatro*, João Roberto Faria.
101. *Fernando de Azevedo: Educação e Transformação*, Maria Luiza Penna.
102. *Dilthey: um Conceito de Vida e uma Pedagogia*, Mª Nazaré de Camargo Pacheco Amaral.
103. *Sobre o Trabalho do Ator*, Mauro Meiches e Silvia Fernandes.
104. *Zumbi, Tiradentes*, Cláudia de Arruda Campos.
105. *Um Outro Mundo: a Infância*, Marie-José Chombart de Lauwe.
106. *Tempo e Religião*, Walter I. Rehfeld.
107. *Arthur Azevedo: a Palavra e o Riso*, Antonio Martins.
108. *Arte, Privilégio e Distinção*, José Carlos Durand.
109. *A Imagem Inconsciente do Corpo*, Françoise Dolto.
110. *Acoplagem no Espaço*, Oswaldino Marques.
111. *O Texto no Teatro*, Sábato Magaldi.
112. *Portinari, Pintor Social*, Annateresa Fabris.
113. *Teatro da Militância*, Silvana Garcia.
114. *A Religião de Israel*, Yehezkel Kaufmann.
115. *Que é Literatura Comparada?*, Brunel, Pichois, Rousseau.
116. *A Revolução Psicanalítica*, Marthe Robert.
117. *Brecht: um Jogo de Aprendizagem*, Ingrid Dormien Koudela.
118. *Arquitetura Pós-Industrial*, Raffaele Raja.

119. *O Ator no Século XX*, Odette Aslan.
120. *Estudos Psicanalíticos sobre Psicossamática*, Georg Groddeck.
121. *O Signo de Três*, Umberto Eco e Thomas A. Sebeok.
122. *Zeami: Cena e Pensamento Nô*, Sakae M. Giroux.
123. *Cidades do Amanhã*, Peter Hall.
124. *A Causalidade Diabólica I*, Léon Poliakov.
125. *A Causalidade Diabólica II*, Léon Poliakov.
126. *A Imagem no Ensino da Arte*, Ana Mae Barbosa.
127. *Um Teatro da Mulher*, Elza Cunha de Vicenzo.
128. *Fala Gestual*, Ana Claudia de Oliveira.
129. *O Livro de São Cipriano: uma Legenda de Massas*, Jerusa Pires Ferreira.
130. *Kósmos Noētós*, Ivo Assad Ibri.
131. *Concerto Barroco às Óperas do Judeu*, Francisco Maciel Silveira.

Este livro foi impresso na
LIS GRÁFICA E EDITORA LTDA.
Rua Visconde de Parnaíba, 2.753 - Belenzinho
CEP 03045 - São Paulo - SP - Fone: 292-5666
com filmes fornecidos pelo editor.

CIPRIANVS MAGVS